Süße & herzhafte Rezepte

mit HAFER

Abkürzungen

cm = Zentimeter
ø = Durchmesser
E = Eiweiß
El = Esslöffel
F = Fett
g = Gramm
kcal = Kilokalorien
kg = Kilogramm

KH = Kohlenhydrate
kJ = Kilojoule
l = Liter
ml = Milliliter
Msp. = Messerspitze
P. = Päckchen
TK = Tiefkühlprodukt
Tl = Teelöffel

Hinweise

Die Backofentemperaturen beziehen sich auf den Elektroherd mit Ober- und Unterhitze. Falls Sie mit Umluft arbeiten, reduzieren Sie die Temperatur um 20 °C. Soweit nicht anders angegeben, werden die Gerichte auf der mittleren Einschubleiste gebacken.

Wenn in der Zutatenliste „Pfeffer" genannt wird, so wird darunter stets frisch gemahlener schwarzer Pfeffer aus der Mühle verstanden. Alle anderen Pfeffersorten werden explizit genannt.

INHALT

HAFERFLOCKEN ROCKEN!

Jeder kennt sie, viele lieben sie und bei manchen geht es nicht mehr ohne – die Haferflocken! Ob hart oder zart, als klassische Hafergrütze bei der Oma, trendiges Porridge aus Großbritannien oder selbst gemachten Haferdrink: Haferflocken sind beliebter denn je. Aber warum eigentlich?

Wäre Hafer im Musikbusiness, er wäre ein Superstar. Millionen Follower hat er jedenfalls schon. Und das zu Recht, denn Hafer ist ein echtes Superfood. Er steckt voller wichtiger Nährstoffe, kurbelt deinen Stoffwechsel an, hilft beim Abnehmen, gibt Energie beim Sport und ist ein wahres Allround-Talent in der Küche. Seinen ersten Award hat er sogar auch schon: Hafer wurde 2017 in Deutschland zur Arzneipflanze des Jahres gekürt. Dazu ist er auch noch nachhaltiger anzubauen als die meisten anderen Getreidearten. Als heimisches Getreide, das in Deutschland, Nord- und Osteuropa angebaut und vielfach direkt lokal verarbeitet wird, schont er Ressourcen und die Umwelt.

Aber Haferflocken stehen nicht nur auf deutschen Lieblingsplaylisten. Sie wecken europaweit Kindheitserinnerungen und es verbinden sich viele Traditionen mit dem nahrhaften Lebensmittel. Egal ob Schotten, Engländer, Skandinavier, Bretonen oder Deutsche, ja sogar auf den kanarischen Inseln ist oder war es Sitte, einen Haferbrei als Grundnahrungsmittel zu kochen und süß oder herzhaft zu servieren. Vielerorts dient er als sättigendes Frühstück, während er in Nordeuropa eher abends verspeist wird. Die Gründe für diese weitläufige Verbreitung und Beliebtheit sind nicht nur der niedrige Preis und die Möglichkeit, einfach und schnell den Hunger zu stillen, sondern auch die Bekömmlichkeit von Haferflocken durch alle Altersklassen. Bereits ab dem 5. Monat können Babys Breimahlzeiten mit zarten oder löslichen Haferflocken essen und wertvolle Vitamine und Ballaststoffe aufnehmen. Auch für Kinder, Jugendliche und Erwachsene sind Haferflocken gesund, vor allem wenn sie sich verstärkt oder ausschließlich pflanzlich ernähren wollen. Gerade eine ausreichende Ballaststoffaufnahme wird später für Senioren immer wichtiger und Haferflocken lassen sich dann vielfältig als Brei, in Suppen, Klößchen oder Gebäck in die Ernährung einbauen. Selbst Menschen mit Glutenintoleranz vertragen als glutenfrei ausgewiesene Hafersorten ohne Probleme. Hafer ist und bleibt also der heimliche Star auf dem Speiseplan!

Was ist Hafer?

Als Star mit Zukunft, braucht man starke Wurzeln und die hat der Hafer im wahrsten Sinne des Wortes. Als bodenständiger Typ gehört er, wie alle Getreidearten, zu den Süßgräsern. Doch er hat auch einige Besonderheiten, die ihn einzigartig machen: Er bildet keine Ähren aus, sondern Blütenrispen, an denen die Getreidekörner wachsen. Es gibt zahlreiche Arten von Hafer, die vor allem wild wachsen und vom nordwestlichen Afrika über Südeuropa bis nach Vorderasien bekannt sind. Nach Mitteleuropa wurde der Wild-Hafer als Unkraut eingeschleppt und dann erst nach und nach domestiziert. Für den landwirtschaftlichen Anbau heute wird ausschließlich Saat-Hafer, auch Echter Hafer genannt, genutzt. Er gehört zu den Sommergetreiden, gilt als robust, wenig krankheitsanfällig und eher anspruchslos und gedeiht prächtig im gemäßigten Klima Mittel- und Nordeuropas mit seinen hohen Niederschlägen. Anders als andere Getreidearten, kommt er aber auch mit regenärmeren Jahren gut zurecht, da er lange Wurzeln ausbildet und somit auch tiefere Wasserschichten erreichen kann.

Trotz dieser Vorteile blieb Hafer lange nur der kleine, weniger beliebte Cousin des Weizens. Das hat einerseits mit dem geringeren Ertrag zu tun, andererseits aber auch mit seiner schlechteren Lagerfähigkeit.

Die Rispen tragen weniger Körner als Weizenähren und Hafer verdirbt aufgrund des hohen Ölgehalts schneller als anderes Getreide. Daher wird er eher lokal angebaut und verarbeitet. Für den gewinnorientieren Landbau ist das ein großer Minuspunkt. Im ökologischen, regionalen Anbau kommt ihm das zugute und sichert die hohe Qualität des Getreides. Da Hafer erst später als andere Getreidesorten für den kommerziellen Anbau entdeckt und dort zunächst vor allem als Tierfutter verwendet wurde, gilt er als weniger überzüchtet. Er braucht wenig Dünger und wächst auch auf kargeren Böden. Immer beliebter werden beim Hafer, ähnlich wie zum Beispiel beim Dinkel-Anbau, die „alten" Sorten. Sie gelten als noch robuster und bei Eiweiß- und Fettgehalten sogar gehaltvoller als die am häufigsten ausgesäte moderne Sorte. Ein weiterer Pluspunkt, der Hafer in regionalem Anbau und Weiterverarbeitung nach vorne bringt. In Deutschland wird Hafer hauptsächlich im Alpenvorland, den Mittelgebirgen und Norddeutschland angebaut, mit stetig steigendem Trend. Dennoch reicht die heimische Produktion schon lange nicht mehr aus, um den Bedarf zu decken. Daher wird ein Großteil der benötigten Menge importiert, hauptsächlich aus Finnland und Schweden.

Für Herz, Hirn und Darm

Was gut für die Umwelt ist, ist auch gut für dich. Kein anderes Getreide liefert so viele Nährstoffe und ist zugleich so gut verträglich. Dafür reicht täglich schon die kleine Menge von 40 Gramm Haferflocken, um deinen Bedarf zu decken.

Hafer stärkt dich von innen, denn er ist gut für deine Knochen und Muskeln. Er enthält Spitzenwerte bei Proteinen (4,7 g/40 g) und den Mineralstoffen Magnesium (60 mg/40 g) und Phosphor (108 mg/40 g). Mit einer Hafermahlzeit am Tag deckst du fast deinen ganzen Tagesbedarf, vor allem, wenn du sie mit Milchprodukten kombinierst.

Für ein starkes Nervenkostüm liefert dir Hafer die Vitamine B1 (0,3 mg/40 g) und B6 (0,4 mg/40 g). Beide B-Vitamine beugen neurologischen Störungen vor, sorgen für einen gesunden Schlaf und ein gutes Blutbild.

Für alle Vegetarier und Veganer – und natürlich auch alle anderen – ist Hafer eine sehr gute Eisenquelle (2,4 mg/40 g). Am besten verwertet dein Körper dieses Eisen, wenn du die Haferflocken im Müsli mit frischem Obst genießt.

Auch für dein Äußeres kann Hafer viel tun, denn das Vitamin B7 (7,8 µg/40 g), auch Biotin genannt, sorgt, in Kombination mit dem in hohem Maße im Hafer enthaltenen Zink (1,7 mg/40 g), für gesunde Haut, Haare und feste Nägel. Dazu kommen noch die unterstützenden Spurenelemente Silicium (4,4 mg/40 g), Mangan (1,8 mg/40 g) und Kupfer (0,21 mg/40 g).

Und als würden diese wertvollen Inhaltsstoffe nicht schon ausreichen, um Hafer zum heimischen Superfood Nummer 1 zu machen, punktet er auch noch mit einem hohen Gehalt an Ballaststoffen (4 g/40 g). Das macht ihn zum besten Freund des Darms, denn die Verdauung wird in Schwung gebracht und Schadstoffe schneller ausgeschieden. Ein wesentlicher Teil der Hafer-Ballaststoffe sind Beta-Glucane. Sie sollen die Wirkung von Insulin verstärken, den Stoffwechsel anregen und für einen langsamen Anstieg des Blutzuckerspiegels sorgen. Das führt nicht nur zu einem längeren Sättigungsgefühl, sondern hilft vor allem Diabetikern und Menschen mit einem hohen Cholesterinwert, der dadurch nachweislich gesenkt wird. Besonders viele Beta-Glucane findet man in Haferkleie. Daher empfehlen neueste Studien Menschen mit Diabetes oder Herz-Kreislauf-Erkrankungen mehr Hafer in ihren Speiseplan mit aufzunehmen.

Hafer macht schlank & stark!

Hafer hilft dir auch beim Abnehmen. Die vielen Ballaststoffe im Hafer sind ein echter Sattmacher. Sie quellen im Magen langsam auf und lassen über Stunden kein Hungergefühl aufkommen. Wenn du also morgens schon eine Portion Porridge oder Overnight Oats genießt, snackst du über den Tag weniger. Kombiniert mit Low Carb-Gerichten oder cleverem Intervallfasten, kannst du so einfach und gesund überschüssige Pfunde verlieren. Und das Beste daran: Du kannst diese Ernährung dauerhaft durchziehen und musst keinen Jo-Jo-Effekt fürchten oder von einer Diät zur nächsten springen.

Gleichzeitig profitiert auch noch deine Fitness davon, denn zu den Sattmachern im Hafer zählen auch die langkettigen Kohlenhydrate. Dein Körper braucht länger, um die Ketten aufzuspalten und bekommt so über einen längeren Zeitraum konstant Energie zugeführt. Zusammen mit den wertvollen Proteinen, Vitaminen und Mineralstoffen wird der Körper also optimal versorgt und du hältst beim Sport länger durch. Wer braucht da noch teure Energieriegel!

Hafer kann mehr als Flocken

Ganz klar, Haferflocken – ob kernig, zart oder schmelzend – sind das bekannteste Produkt aus Hafer. Aber auch das abgefahrenste Porridge wird irgendwann mal langweilig. Da müssen neue Trends und Rezepte her, von denen du viele hier in diesem Buch findest.

FEIN GEMAHLEN

Hafermehl wird aus Haferflocken gewonnen und du kannst es sogar ganz leicht selbst herstellen. Gib einfach die benötigte Menge in Form von Haferflocken in einen Standmixer oder Blitzhacker und zerkleinere die Flocken so lange, bis die gewünschte Konsistenz deines Mehls erreicht ist. Hafermehl solltest du allerdings nicht allein zum Backen verwenden, denn dein Brot oder Kuchen wird damit recht krümelig. Misch am besten immer Weizen- oder Dinkelmehl in gleichem Verhältnis dazu, um ein gutes Backergebnis zu bekommen. Bei unseren Hafer-Kleie-Brötchen (S. 32) siehst du, wie's geht.

AM ANFANG WAR DAS KORN

Die entspelzten (geschälten) Haferkörner werden auch als Nackthafer bezeichnet. Du bekommst sie im Reformhaus, in Bio-Läden und auch bei vielen Mühlen, die einen Laden haben. Ganze Haferkörner lassen sich prima zu Salaten, Risotto oder herzhaften Beilagen verarbeiten. Probier doch unseren leckeren mediterranen Salat (S. 104) oder das zarte Hafer-Risotto mit Pancetta (S. 114).

DER WAHRE KERN

Haferkleie ist neben Haferflocken das bekannteste Produkt aus Hafer. Dabei handelt es sich um die Randschichten und den Keim des Haferkorns. Das heißt, hier steckt das Beste vom Hafer drin: Bis zu 80% mehr Ballaststoffe als in Haferflocken und die ganze Konzentration der Nährstoffe. Haferkleie bekommst du in gut sortierten Supermärkten, Bio-Läden, Reformhäusern und natürlich auch im Mühlenladen. Aus Haferkleie kannst du Porridge, Pfannkuchen, süßes und herzhaftes Gebäck und vieles mehr machen. Auch deinem Lieblings-Müsli kannst du sie beimischen. In diesem Buch findest du z. B. Rezepte für ein kräftiges Haferkleie-Leinsamen-Brot (S. 36) oder leckere Brötchen (S. 32).

JETZT AUCH FLÜSSIG

Wer hat's erfunden? Die Schweden, oder genauer gesagt, der schwedische Professor Rickard Öste entwickelte in den 1990er Jahren die ersten Hafermilchgetränke. Seine revolutionäre Idee fand dann bei Partnern in der Wirtschaft auch gleich Anklang und so gründeten sie zusammen die heute bekannteste Firma für Hafermilch-Produkte. Aufgrund einer EU-Verordnung darf der pflanzliche Milchersatz allerdings nicht mehr als solche bezeichnet werden und heißt daher im kommerziellen Bereich „Haferdrink". Im allgemeinen Sprachgebrauch heißt sie aber immer noch Hafermilch. Du findest ein ganzes

Kapitel in diesem Buch (ab S. 44), in dem wir dir zeigen, wie du Hafermilch ganz leicht selbst herstellen und welche leckeren Getränke du damit mixen kannst.

LECKER FRÜHSTÜCK

Müsli, Overnight Oats, Bowls
oder Brötchen, zum Frühstück
ist Hafer ein Klassiker.

~~~

FÜR 700 G
ZUBEREITUNGSZEIT:
CA. 10 MINUTEN

Früchtemüsli

Zutaten

200 g kernige Haferflocken
100 g Dinkelvollkornflocken
50 g Roggenvollkornflocken
30 g Hirseflocken
50 g Sonnenblumenkerne
35 g geschrotete Leinsamen
60 g Rosinen
40 g getrocknete Aprikosen
35 g getrocknete und entsteinte Datteln
30 g getrocknete Feigen ohne Stiel
30 g Apfelchips
40 g Bananenchips

Zubereitung

Alle Flocken zusammen mit den Sonnenblumenkernen, dem Leinsamen und den Rosinen in eine große Rührschüssel geben und gut vermengen.

~~~

Das Trockenobst in grobe Stücke würfeln. Die Apfel- und Bananenchips in grobe Stücke brechen und alles zusammen unter die Müslimischung rühren.

~~~

In einen luftdichten Behälter umfüllen und das Müsli innerhalb von wenigen Wochen verbrauchen.

Nährwerte

Pro 100 g ca. 329 kcal/1378 kJ
Eiweiß 11 g
Fett 6 g
Kohlenhydrate 56 g

FÜR 1 PORTION
ZUBEREITUNGSZEIT: CA. 10 MINUTEN
KÜHLZEIT: 12 STUNDEN

Birchermüsli 2.0

Zutaten

40 g zarte Haferflocken
1 El gemahlene Haselnusskerne
   oder Mandeln
150 ml Milch
1 kleiner Apfel
1 Tl Zitronensaft
50 g Naturjoghurt
1 Tl milder flüssiger Honig

Zubereitung

Haferflocken, gemahlene Nüsse und Milch in einen verschließbaren Behälter geben und gut durchmischen. Deckel aufsetzen und die Mischung über Nacht im Kühlschrank quellen lassen.

~~

Am nächsten Morgen den Apfel schälen, entkernen und über die Müslimischung reiben. Zusammen mit dem Zitronensaft unterrühren. Joghurt und Honig auf das Müsli geben und direkt servieren.

Nährwerte

Pro Portion ca. 445 kcal/1863 kJ
Eiweiß 14 g
Fett 16 g
Kohlenhydrate 41 g

FÜR 700 G
ZUBEREITUNGSZEIT: CA. 25 MINUTEN
BACKZEIT: 15 MINUTEN
ABKÜHLZEIT: 30 MINUTEN

Granola
mit Erdbeer-Crisp

Zutaten

300 g kernige Haferflocken
100 g Dinkelvollkornflocken
50 g Haferkleie
50 g Goldleinsamen
60 g natives und möglichst
   mildes Sonnenblumenöl
60 g heller Sirup oder Karamellsirup
20 g gefriergetrocknete Erdbeerstücke
50 g gepuffter Weizen

Nährwerte
Pro 100 g ca. 385 kcal/1612 kJ
Eiweiß 11 g
Fett 15 g
Kohlenhydrate 51 g

Zubereitung

Den Backofen auf 175 °C vorheizen. Ein großes Backblech so mit Backpapier auslegen, dass ein Rand übersteht. Die Flocken zusammen mit Haferkleie und Goldleinsamen in einer Schüssel vermischen.

~~~

Sonnenblumenöl und Sirup in einen kleinen Topf geben. Bei niedriger Temperatur langsam erhitzen, bis sich beides gut vermischt hat. Die warme Mischung über die Flockenmischung gießen und alles gründlich durchrühren, sodass alle Zutaten mit der Ölmischung benetzt sind. Sollten dabei Klümpchen entstehen, diese zerkleinern.

~~~

Die Müslimischung gleichmäßig auf dem Backblech verteilen und andrücken. Das Müsli im unteren Drittel des Backofens 12–14 Minuten backen, bis es goldbraun und knusprig ist. Gegebenenfalls nach 6–7 Minuten einmal durchmischen, wieder andrücken und zu Ende backen.

~~~

Das Müsli auf dem Backblech vollständig auskühlen lassen. Dann in Stücke brechen und zwischen den Händen in die gewünschte Größe zerreiben.

~~~

Die Erdbeerstückchen und den Puffweizen vorsichtig und locker untermischen. Danach gleich luftdicht verpacken und innerhalb weniger Wochen verbrauchen.

FÜR 4 PORTIONEN
ZUBEREITUNGSZEIT: CA. 10 MINUTEN
GARZEIT: 15 MINUTEN

Wunderfrühstück
mit Flocken

Zutaten

300 g Haferflocken
900 ml Vanille-Hafermilch
1 El Agavendicksaft
1 Tl gemahlene Vanille
1 Prise Salz
1–2 El Mandelmus

Zubereitung

Flocken, Hafermilch, Agavendicksaft, Vanille und Salz in einem Topf vermischen und aufkochen. Auf kleiner Stufe mindestens 10 Minuten unter gelegentlichem Rühren köcheln lassen.

~~

Das Mandelmus hinzufügen und gut unterrühren. Eventuell noch etwas Wasser nachgießen, wenn der Brei zu dickflüssig sein sollte. In diesem Fall nochmals etwas köcheln lassen.

~~

Das Wunderfrühstück schmeckt warm oder kalt. Dazu passen Zimt, Rosinen, frische Früchte oder Konfitüre.

Nährwerte
Pro Portion ca. 320 kcal/1340 kJ
Eiweiß 11 g
Fett 10 g
Kohlenhydrate 47 g

FÜR 2 PORTIONEN
ZUBEREITUNGSZEIT: CA. 5 MINUTEN
KÜHLZEIT: 12 STUNDEN

Overnight Oats
mit Blaubeeren

Zutaten

50 g zarte Haferflocken
2 El Chia-Samen
240 ml Milch
4 Tl Ahornsirup
4 El gehackte Mandeln
6 El frische Blaubeeren zum Servieren

Zubereitung

Alle Zutaten bis auf die Blaubeeren in ein fest verschließbares, ausreichend großes Glas geben und verrühren bzw. schütteln, bis sich alles vermischt hat. Nach oben hin sollten noch ein paar Zentimeter Platz zum Deckel bleiben.

Das Glas gut verschließen und über Nacht in den Kühlschrank stellen. Am nächsten Morgen die Blaubeeren in einem Sieb abbrausen, abtropfen lassen und trocken tupfen. Die Haferflocken-Mischung auf zwei Schalen verteilen und mit den Blaubeeren zum Frühstück servieren.

Nährwerte

Pro Portion ca. 358 kcal/1499 kJ
Eiweiß 12 g
Fett 16 g
Kohlenhydrate 40 g

Smoothie-Bowl
mit Passionsfrucht und Mango

Zutaten

2 Mangos
2 Passionsfrüchte
200 ml Hafermilch

Für das Topping

1 Passionsfrucht
4 El Pecannusskerne
½ Mango
2 El Hanfsamen

Zubereitung

Die Mangos schälen, das Fleisch vom Kern schneiden und grob zerkleinern. Die Passionsfrüchte halbieren und das Fruchtfleisch herauslösen. Alles mit der Hafermilch in einen Mixer geben und zu einer dickflüssigen Masse pürieren. Auf zwei Schalen verteilen.

~~~

Für das Topping die Passionsfrucht waschen, trocken tupfen und halbieren. Die Pecannusskerne grob hacken. Die Mango schälen, das Fruchtfleisch vom Kern schneiden und quer in dünne Scheiben schneiden. Die Mangoscheiben am äußeren Rand in einem Kreis auf dem Smoothie anordnen und mit den Hanfsamen bestreuen. Die Passionsfrüchte jeweils in die Mitte setzen und rundherum die Pecannusskerne streuen. Sofort servieren.

Nährwerte

Pro Portion ca. 369 kcal / 1545 kJ
Eiweiß 7 g
Fett 21 g
Kohlenhydrate 35 g

Overnight-Oats-Bowl
mit Birnen und Mandelmus

Zutaten

4 getrocknete Feigen
100 g zarte Haferflocken
300 ml Mandelmilch
2 mittlere Birnen
4 TI Mandelmus
½ TI Zimt

Für das Topping
1 Birne
½ Granatapfel
2 El Kakao-Nibs

Zubereitung

Die Feigen klein schneiden und mit den Haferflocken in eine Schüssel geben. Mit der Mandelmilch verrühren und im Kühlschrank über Nacht quellen lassen.

~~~

Am nächsten Morgen die Birnen waschen, vierteln, das Kerngehäuse herausschneiden und das Fruchtfleisch grob zerkleinern. Mit den gequollenen Haferflocken, dem Mandelmus und dem Zimt in einen Mixer geben und zu einer dickflüssigen Masse pürieren. Auf zwei Schalen verteilen.

~~~

Für das Topping die Birne waschen, das Kerngehäuse entfernen und das Fruchtfleisch in dünne Spalten schneiden. Die Granatapfelkerne herauslösen. Die Birnenspalten links und rechts wie Schmetterlingsflügel gefächert mittig auf dem Smoothie verteilen. Die Granatapfelkerne mittig längs verteilen. Die Kakao-Nibs jeweils an die Seiten streuen. Sofort servieren.

Nährwerte
Pro Portion ca. 436 kcal/1825 kJ
Eiweiß 13 g
Fett 14 g
Kohlenhydrate 66 g

Im Sommer einfach eine Handvoll Eiswürfel untermixen und den Frühstückssmoothie eiskalt genießen.

FÜR 2 GLÄSER À 330 ML
ZUBEREITUNGSZEIT:
CA. 5 MINUTEN

Frühstückssmoothie
mit Beerenmischung

Zutaten

200 g frische gemischte Beeren
   (Erdbeeren, Blaubeeren,
   Brombeeren, Himbeeren)
40 g zarte Haferflocken
4 Tl gemahlene Haselnusskerne
2 Tl geschrotete Leinsamen
100 g Naturjoghurt
300 ml Milch
2 Prisen Salz

Zubereitung

Die frischen Beeren in ein Sieb geben und mit kaltem
Wasser abbrausen, abtropfen lassen und putzen.
∿

Haferflocken, Haselnusskerne und Leinsamen in einen
leistungsstarken Mixer geben und fein zerkleinern.
∿

Joghurt, Milch, Salz und Beeren dazugeben und auf
hoher Stufe zu einem cremigen Smoothie vermixen.
Sofort servieren.

Nährwerte
Pro Glas ca. 318 kcal/1331 kJ
Eiweiß 13 g
Fett 17 g
Kohlenhydrate 27 g

FÜR 12 STÜCK
ZUBEREITUNGSZEIT: 10 MINUTEN
KÜHLZEIT: 12 STUNDEN
BACKZEIT: 20 MINUTEN

Dänische Haferbrötchen
mit Honig

Zutaten

5 g Trockenhefe
1 El Honig
2 Tl Salz
180 g zarte Haferflocken
670 g Weizenmehl (Type 550)

Nährwerte
Pro Stück ca. 250 kcal/1047 kJ
Eiweiß 8 g
Fett 2 g
Kohlenhydrate 50 g

Zubereitung

720 Milliliter lauwarmes Wasser in eine ausreichend große Rührschüssel füllen. Von dem abgemessenen Wasser etwas in eine kleine Schüssel abnehmen und Hefe und Honig einrühren, bis sich beides auflöst.

~~~

Diese Mischung zurück in die Rührschüssel gießen und dort verrühren. Salz, 160 Gramm Haferflocken und das Mehl zugeben und alles mit einem Kochlöffel zu einem gleichmäßigen Teig verrühren. Die Schüssel mit einem Teller oder Folie abdecken und über Nacht kühl stellen.

~~~

Den Backofen auf 230 °C vorheizen und 2 Backbleche mit Backpapier belegen. Mithilfe von 2 Esslöffeln 12 Teighäufchen mit Abstand auf die Backbleche setzen. Dafür die Esslöffel in kaltes Wasser tauchen, damit der Teig weniger kleben bleibt.

~~~

Teiglinge mit den restlichen Haferflocken bestreuen und kurz vor dem Backen mit Wasser besprenkeln oder mit etwas Dampf backen, um eine knusprige Kruste zu erhalten. Die Haferbrötchen werden 15–20 Minuten gebacken.

Hafer-Kleie-Brötchen

Zutaten

½ Würfel frische Hefe (20 g)
200 g Weizenmehl (Type 1050)
200 g Hafermehl
200 g Haferkleie
6 El Olivenöl
4 Tl Salz

Außerdem

Hafermehl für die Arbeitsfläche
1 Eigelb (Größe M) zum Bepinseln
Haferflocken zum Bestreuen

Nährwerte

Pro Stück ca. 323 kcal/1352 kJ
Eiweiß 10 g
Fett 10 g
Kohlenhydrate 48 g

Zubereitung

Die Hefe in 100 Milliliter lauwarmes Wasser bröckeln, verrühren und ca. 5 Minuten ruhen lassen.

Das Weizenmehl in eine Rührschüssel sieben. Hafermehl, -kleie, Olivenöl, Salz und 150 Milliliter lauwarmes Wasser dazugeben und alles mit den Knethaken des Handrührgerätes zunächst auf niedrigster, dann auf höchster Stufe zu einem glatten Teig verarbeiten.

Die angerührte Hefe unterkneten, gegebenenfalls noch etwas mehr Wasser dazugeben, falls der Teig zu trocken ist, und den Teig anschließend auf einer bemehlten Fläche gut durchkneten. Dann 1 Stunde lang zugedeckt an einem warmen Ort gehen lassen.

Ein Backblech mit Backpapier auslegen. Danach den Teig erneut gut durchkneten, in 8 Stücke teilen und anschließend mit bemehlten Händen Brötchen formen. Auf dem Backblech verteilen.

Die Brötchen abgedeckt 1 Stunde 20 Minuten gehen lassen. Nach der Hälfte der Zeit den Backofen auf 220 °C vorheizen, dabei eine ofenfeste Schale mit Wasser auf den Backofenboden stellen und mit aufheizen. Das Eigelb mit 1 Esslöffel Wasser verrühren und die Brötchen damit bepinseln. Mit Haferflocken nach Belieben bestreuen. Die Wasserschale vorsichtig aus dem heißen Ofen heben und die Brötchen ca. 20 Minuten backen. Anschließend auf einem Kuchengitter auskühlen lassen.

FÜR 20 STÜCK
ZUBEREITUNGSZEIT: CA. 5 MINUTEN
BACKZEIT: CA. 1 STUNDE

Hafer-Knäcke
mit Sesam und Kürbiskernen

Zutaten

35 g Kürbiskerne
35 g Sesamsaat
100 g Haferflocken,
    Groß- oder Kleinblatt
10 g Leinsamen
50 g Roggenschrot
½ Tl Salz
1 El mildes Öl

Nährwerte
Pro Stück ca. 52 kcal/218 kJ
Eiweiß 2 g
Fett 3 g
Kohlenhydrate 5 g

Zubereitung

Den Backofen auf 150 °C Umluft vorheizen. Je 1 gehäuften Esslöffel der abgewogenen Kürbiskerne und des Sesams beiseitelegen.

~~~

Restliche Kürbiskerne und Sesamsaat mit den Haferflocken mischen und im Blitzhacker etwas zerkleinern, aber nicht pulverisieren.

~~~

Leinsamen, Roggenschrot, Salz, Öl und 250 Milliliter Wasser hinzufügen und zu einem Brei verrühren. Ein Backblech mit Backpapier auslegen und den Brei mithilfe einer Palette gleichmäßig ca. 0,5 cm dünn verstreichen. Mit den restlichen Saaten bestreuen und 10 Minuten backen.

~~~

Mit einem langen Messer Knäckebrote schneiden und diese weitere 40–50 Minuten fertig backen.

Dieses Knäckebrot aus Roggen und Hafer macht sich beinahe von allein und kann bereits nach 1 Stunde gegessen werden.

FÜR 1 BROT (CA. 750 G)
ZUBEREITUNGSZEIT: CA. 20 MINUTEN
GEHZEIT: CA. 2 STUNDEN
BACKZEIT: CA. 45 MINUTEN

Haferkleie-Brot
mit Leinsamen

Zutaten

10 g frische Hefe
450 g Dinkelmehl (Type 1050)
150 g Haferkleie
100 g Leinsamen
3 El Apfelessig
1 Tl Salz

Außerdem
Dinkelmehl (Type 1050)
    für die Arbeitsfläche

Nährwerte
Pro Brot ca. 1890 kcal/7913 kJ
Eiweiß 24 g
Fett 51 g
Kohlenhydrate 262 g

Zubereitung

Die Hefe in 50 Milliliter lauwarmes Wasser bröckeln, verrühren und ca. 5 Minuten ruhen lassen. Dinkelmehl, Haferkleie, Leinsamen, Apfelessig, Salz und 200 Milliliter lauwarmes Wasser in eine Schüssel geben und gut umrühren. Die angerührte Hefe dazugeben und den Teig auf einer bemehlten Fläche gut durchkneten.

~~~

Den Teig 1 Stunde lang zugedeckt an einem warmen Ort gehen lassen.

~~~

Danach den Teig erneut gut durchkneten und anschließend mit bemehlten Händen zu einem runden Brot formen und auf einen Bogen Backpapier legen.

~~~

Das Brot 1 weitere Stunde gehen lassen. Dann den Backofen inklusive Backblech auf 200 °C vorheizen. Das Brot mit Wasser bepinseln, mithilfe eines Schneidebretts mit dem Backpapier auf das heiße Backblech gleiten lassen und ca. 45 Minuten backen. Anschließend das Brot aus dem Ofen holen und auf einem Kuchengitter abkühlen lassen.

FÜR 1 BROT (CA. 1 KG)
ZUBEREITUNGSZEIT: CA. 10 MINUTEN
BACKZEIT: 50 MINUTEN

Schnelles Haferflockenbrot
mit Skyr

Zutaten

480 g zarte Haferflocken
1 gestr. Tl Salz
1 P. Weinsteinbackpulver
500 g Skyr
2 Eier (Größe M)
3 Tl Chiasamen zum Bestreuen

Außerdem
Kastenform (30 cm)

Zubereitung

Den Backofen auf 180 °C vorheizen. Die Haferflocken mit Salz und Backpulver in eine Schüssel geben und mischen. Dann den Skyr, die Eier und 50 Milliliter Wasser zugeben und alles gut durchkneten.

~~

Die Kastenform mit Backpapier auslegen. Den Teig einfüllen, mit etwas Wasser glatt streichen und gleichmäßig mit Chiasamen bestreuen. Das Brot auf der zweiten Schiene von unten ca. 50 Minuten backen. Herausnehmen, aus der Form lösen und auf einem Kuchengitter vollständig abkühlen lassen.

Nährwerte
Pro Brot ca. 2200 kcal, 9235 kJ
Eiweiß 133 g
Fett 47 g
Kohlenhydrate 308 g

Das Haferflockenbrot bleibt im Brotkasten 2–3 Tage frisch. Statt Skyr kann man auch Magerquark verwenden.

FÜR 10 PORTIONEN
ZUBEREITUNGSZEIT: CA. 25 MINUTEN
GEHZEIT: CA. 15 MINUTEN
ABKÜHLZEIT: CA. 10 MINUTEN

Kräuter-Gemüse-Aufstrich
mit Meerrettich

Zutaten

1 kleine rote Zwiebel
50 g Knollensellerie
40 g Möhre
2 Tl Butter
25 g fein geschroteter Hafer
60 ml Gemüsebrühe
25 ml Sahne
1 Tl Meerrettich aus dem Glas
2 Tl Schnittlauchröllchen
2 Tl gehackte glatte Petersilie
1 Msp. Salz
1 Prise Pfeffer
1 Prise frisch geriebene Muskatnuss
1 Prise gemahlener Koriander

Zubereitung

Die Zwiebel schälen und fein würfeln. Sellerie und Möhre schälen, waschen und fein reiben. Die Butter in einer Pfanne erhitzen und die Zwiebelwürfel darin einige Minuten glasig dünsten, dann Möhren und Sellerie kurz mitschwitzen. Hafer dazugeben, mit Gemüsebrühe aufgießen und unter Rühren 2–3 Minuten köcheln lassen. Mit geschlossenem Deckel bei kleinster Hitze 15 Minuten ausquellen lassen.

~~

Sahne, Meerrettich, Schnittlauchröllchen und gehackte Petersilie unterrühren. Mit Salz, Pfeffer, Muskat und gemahlenem Koriander abschmecken. Den Aufstrich abkühlen lassen und in ein Schraubglas abfüllen.

Nährwerte
Pro Portion ca. 97 kcal/406 kJ
Eiweiß 2 g
Fett 7 g
Kohlenhydrate 6 g

Kühl gestellt ist der Aufstrich etwa 1 Woche haltbar.

FÜR 1 GLAS (CA. 200 ML)
ZUBEREITUNGSZEIT:
8 MINUTEN

Hafer-Schoko-Aufstrich

Zutaten

4 El zarte Haferflocken
1 El ungesüßtes Kakaopulver
¼ Tl Vanille-Extrakt
1 Msp. gemahlener Zimt
ca. 150 ml Hafermilch (Rezept S. 47)
4 Datteln ohne Stein

Zubereitung

Die Haferflocken im Mixer fein mahlen und mit
Kakaopulver, Vanille-Extrakt und Zimt vermischen.
Nach und nach so viel Hafermilch untermixen,
dass eine streichfähige Konsistenz entsteht.
Zum Schluss die Datteln zugeben und alles zu
einem glatten Mus pürieren.

~~~

Den Aufstrich in ein Schraubglas füllen und
bis zum Verzehr im Kühlschrank aufbewahren.
Er hält sich dort ca. 1 Woche.

Nährwerte

Pro Glas ca. 550 kcal, 2320 kJ
Eiweiß 11 g
Fett 6 g
Kohlenhydrate 111 g

Der Aufstrich schmeckt am besten, wenn er ganz frisch ist.

GETRÄNKE
MIT HAFERMILCH

Pur, im Smoothie, Latte oder Shake,
mit Hafermilch schonst du nicht nur die Umwelt,
sondern stärkst auch deine Gesundheit!

~

Je mehr Flocken man verwendet und je mehr man die Masse auspresst, desto dicker wird die Hafermilch. Die „Milch" kann nachträglich einfach mit kaltem Wasser weiter verdünnt werden.

Hafermilch

Zutaten

50–80 g zarte Haferflocken
½ getrocknete und entsteinte Dattel
1 Prise Salz

Zubereitung

In einem Topf 1 Liter Wasser zum Kochen bringen.
Die Haferflocken hineingeben, umrühren, vom Herd
nehmen und 15 Minuten quellen lassen. Die Dattel
und das Salz zugeben und alles fein pürieren.
Die Hafermilch durch ein Mulltuch in eine Schüssel
seihen. Die Rückstände gut ausdrücken. Wer möchte,
kann sie wie Porridge weiterverwenden.

~~

Die Hafermilch in eine Flasche füllen und vollständig
abkühlen lassen. Im Kühlschrank aufbewahren.
Sie hält sich dort mehrere Tage.

Nährwerte

Pro Portion ca. 270 kcal/1140 kJ
Eiweiß 9 g
Fett 4 g
Kohlenhydrate 49 g

Für eine besonders kühle Erfrischung kann die Banane vor der Verwendung eingefroren werden. Oder man gibt je einen Eiswürfel mit ins Glas.

FÜR 3 GLÄSER (À CA. 150 ML)
ZUBEREITUNGSZEIT:
CA. 5 MINUTEN

Mandarinen-Smoothie
mit Banane und Kokosjoghurt

Zutaten

5 saftige Mandarinen
1 Banane
1 Tl Vanille-Extrakt
160 g veganer Kokosjoghurt
   (alternativ Naturjoghurt)
125 ml Hafermilch (Rezept S. 47)

Zubereitung

Die Mandarinen schälen und vierteln, Kerne entfernen.
Die Banane schälen und in Stücke schneiden.
Das Obst mit 100 Milliliter Wasser im Standmixer oder
mit dem Pürierstab cremig mixen. Joghurt und Hafermilch zugeben und nochmals aufmixen. Auf Gläser
verteilen und sofort genießen. Der Smoothie kann
im Kühlschrank 1 Tag aufbewahrt werden.

Nährwerte

Pro Glas ca. 120 kcal/500 kJ
Eiweiß 2 g
Fett 1 g
Kohlenhydrate 24 g

FÜR 3 GLÄSER (À CA. 150 ML)
ZUBEREITUNGSZEIT:
CA. 10 MINUTEN

Grüner Smoothie
mit Matcha-Tee

Zutaten

1 Handvoll frischer Babyspinat
1 Banane
1 Möhre
100 ml Hafermilch (Rezept S. 47)
1 g Matcha-Tee
1 Tl Kokosöl

Zubereitung

Den Spinat waschen und trocken schütteln.
Die Banane und die Möhre schälen und in Stücke
schneiden. Spinat und Obst mit 120 Milliliter Wasser,
der Hafermilch, dem Matcha-Tee und dem Kokosöl
im Standmixer oder mit dem Pürierstab mixen,
bis eine cremig-schaumige Konsistenz erreicht ist.
Nach Geschmack Eiswürfel auf Gläser verteilen
und den Smoothie darüber gießen. Sofort genießen.

Nährwerte

Pro Glas ca. 75 kcal/310 kJ
Eiweiß 1 g
Fett 2 g
Kohlenhydrate 12 g

GETRÄNKE MIT HAFERMILCH

FÜR 2 GLÄSER (À CA. 280 ML)
ZUBEREITUNGSZEIT:
CA. 15 MINUTEN

Goldene Hafer-Latte

Zutaten

1 cm frischer Ingwer
3 Kardamomkapseln
500 ml Hafermilch (Rezept S. 47)
2 Tl gemahlene Kurkuma
1 Msp. gemahlener Zimt
1 El Honig
rosa Pfeffer zum Bestreuen

Zubereitung

Den Ingwer schälen und in dünne Scheiben schneiden. Die Kardamomkapseln zerbröseln. Die Hafermilch in einen Topf gießen, Ingwer, Kurkuma, Zimt, Kardamom und Honig zugeben. Alles vorsichtig erhitzen und ca. 10 Minuten unter Rühren köcheln lassen. Dann durch ein Sieb in ein zweites Gefäß abgießen, mit dem Pürierstab schaumig aufschlagen und in Gläser füllen. Die goldene Hafer-Latte mit zerstoßenem rosa Pfeffer bestreuen und warm genießen.

Nährwerte
Pro Glas ca. 110 kcal/460 KJ
Eiweiß 3 g
Fett 2 g
Kohlenhydrate 20 g

Kurkuma, Zimt,
Ingwer und Honig sind
allesamt Entzündungshemmer.
Zusammen mit der gesunden
Hafermilch ist dieses
Getränk ein echter Booster
für das Immunsystem.

Wer keinen Standmixer hat, kann die Shakes auch mit einem Pürierstab aufmixen.

FÜR 3 GLÄSER (À CA. 250 ML)
ZUBEREITUNGSZEIT:
CA. 10 MINUTEN

Power-Shake
in drei Farben

Zutaten

1 Banane
125 g Blaubeeren
600 ml Hafermilch (Rezept S. 47)
100 g Himbeeren (TK)
3 El zarte Haferflocken
2 El Ahornsirup
2 Tl Vanille-Extrakt

Außerdem

Einige Bananenscheiben,
   Blaubeeren und Himbeeren
Zahnstocher

Nährwerte

Pro Glas ca. 170 kcal/720 kJ
Eiweiß 4 g
Fett 2 g
Kohlenhydrate 33 g

Zubereitung

Die Banane schälen und in Stücke schneiden.
Die Blaubeeren in einem Sieb mit kaltem Wasser abbrausen, abtropfen lassen und anschließend trocken
tupfen. 200 Milliliter Hafermilch in einen Standmixer
geben und mit den Bananenstücken und 1 Esslöffel
Haferflocken mixen. Den Bananen-Shake auf 3 Gläser
verteilen.

～～

Dann 200 Milliliter Hafermilch mit 1 Esslöffel Haferflocken, 1 Esslöffel Ahornsirup, 1 Teelöffel Vanille-
Extrakt und den Blaubeeren im Standmixer mixen.
Den Blaubeer-Shake vorsichtig über dem Bananen-
Shake einfüllen, sodass die beiden Sorten sich nicht
mischen. Dabei die Gläser schräghalten und über
die Innenwand eingießen.

～～

Zum Schluss die Himbeeren mit der restlichen Hafermilch, 1 Esslöffel Haferflocken, 1 Esslöffel Ahornsirup
und 1 Teelöffel Vanille-Extrakt im Standmixer mixen
und als letzten Shake in die Gläser füllen.

～～

Blaubeeren, Himbeeren und Bananenscheiben nach
Belieben nacheinander auf Zahnstocher stecken und
über die Gläser legen. Sofort servieren.

FÜR 4 PORTIONEN
ZUBEREITUNGSZEIT:
CA. 5 MINUTEN

Energy-Shake
mit Datteln

Zutaten

1 Banane
600 ml Hafermilch
300 g gefrorene entsteinte Datteln
1 Tl Matcha-Tee (optional)
12–15 Eiswürfel

Zubereitung

Die Banane schälen und in grobe Stücke brechen.
Zusammen mit 200 Milliliter Hafermilch und den ge-
frorenen Datteln in einen Mixer geben. Auf höchster
Stufe möglichst fein mixen. Nach Belieben noch
1 Teelöffel Matcha-Tee hinzufügen.

~~

Die restliche Hafermilch und die Eiswürfel hinzufügen
und alles nochmals mindestens 30 Sekunden mixen.
Auf 4 Gläser verteilen und genießen.

Nährwerte

Pro Portion ca. 300 kcal/1256 kJ
Eiweiß 2 g
Fett 3 g
Kohlenhydrate 59 g

FÜR 2 PORTIONEN
ZUBEREITUNGSZEIT:
CA. 10 MINUTEN

Ananas-Kokos-Shake
mit Haferflocken

Zutaten

4 El Haferflocken
300 ml ungesüßte Hafermilch
100 ml ungesüßte Kokosmilch
½ Ananas
2 Bananen

Zubereitung

Die Haferflocken in der Hafer- und Kokosmilch einweichen. In der Zwischenzeit die Ananashälfte schälen, längs halbieren und den Mittelstrunk herausschneiden. Das Ananasfleisch grob würfeln. Die Banane schälen und in Stücke schneiden.

~~~

Haferflocken samt Milch, Ananaswürfel und Bananenstücke in einen Mixer geben und alles zu einem geschmeidigen Shake pürieren (alternativ einen Pürierstab verwenden). Auf 2 Gläser verteilen und genießen.

Nährwerte

Pro Portion ca. 390 kcal/1633 kJ
Eiweiß 10 g
Fett 5 g
Kohlenhydrate 73 g

Haferflocken und
Bananen sind reich an
Vitamin B6, das
das Immunsystem unterstützt.
Ananas wirkt einer
Übersäuerung entgegen
und hilft beim
Entschlacken.

KUCHEN, SÜSSES & COOKIES

*Ein Crumble kommt selten allein
und deshalb gibt's hier noch süße Schnitten,
Muffins und Kuchen!*

~

FÜR 12 STÜCKE
ZUBEREITUNGSZEIT: CA. 45 MINUTEN
KÜHLZEIT: CA. 3 STUNDEN 30 MINUTEN

Haferflocken-Cake
mit Apfelmuscreme

Zutaten

Für den Boden

75 g Butter
100 g Zucker
100 g kernige Haferflocken
100 g gehobelte Haselnusskerne
100 ml Sahne

Für den Belag

12 Blatt weiße Gelatine
350 g Apfelmus
750 g Magerquark
100 g Zucker
½ Tl gemahlener Zimt
300 ml Sahne

Außerdem

Springform (26 cm ø), Öl für die Form
ganze Haselnüsse zum Garnieren
geröstete kernige Haferflocken (optional)

Nährwerte

Pro Stück ca. 377 kcal/1578 kJ
Eiweiß 13 g
Fett 22 g
Kohlenhydrate 31 g

Zubereitung

Für den Boden Butter mit Zucker und Haferflocken in einer Pfanne erhitzen und so lange rühren, bis die Masse leicht gebräunt ist. Gehobelte Haselnüsse unterrühren. Sahne zugeben und das Ganze einige Minuten erhitzen, bis die Sahne eine dickliche Konsistenz bekommt.

~~~

Den Boden einer Springform mit wenig Öl bestreichen. Die Masse daraufgeben und zu einem Boden andrücken. 30 Minuten kalt stellen. Ist der Boden fest geworden, aus der Form lösen und auf eine Tortenplatte legen. Den Springformrand darumstellen.

~~~

Für den Belag die Gelatine nach Packungsanleitung in kaltem Wasser einweichen. Die Hälfte des Apfelmuses mit Quark und Zucker in einer Schüssel verrühren. Gelatine ausdrücken, auflösen und mit 2–3 Esslöffeln der Quarkmasse verrühren. Die Mischung anschließend unter die restliche Quark-Apfelmus-Masse rühren. Die Sahne steif schlagen und vorsichtig unterziehen.

~~~

Den Belag auf den Boden geben und glatt streichen. Restliches Apfelmus klecksweise daraufgeben und mithilfe einer Gabel zu Mustern auf der Oberfläche ziehen. Den äußeren oberen Rand mit den ganzen Haselnüssen verzieren, den Rand nach Belieben mit Haferflocken bestreuen. Die Torte kalt stellen.

Die Torte schmeckt auch mit jedem anderen Fruchtpüree, auch Nüsse und Mandeln können ganz nach Geschmack variieren.

FÜR 8 PORTIONEN
ZUBEREITUNGSZEIT: CA. 30 MINUTEN
GEHZEIT: CA. 1 STUNDE 15 MINUTEN
BACKZEIT: CA. 35 MINUTEN

Zimt-Hefeblume

Zutaten

500 g Weizenmehl (Type 405)
1 Prise Salz
½ Würfel frische Hefe (21 g)
40 g Rohrohrzucker
250 ml lauwarme Hafermilch
½ Tl gemahlene Vanille
120 g weiche Butter

Für die Füllung
100 g Butter
60 g Rohrohrzucker
1–2 Tl Zimt

Außerdem
Mehl (Type 405) für die Arbeitsfläche
Runder Ausstecher (6–7 cm ø)

Nährwerte
Pro Portion ca. 466 kcal/1951 kJ
Eiweiß 8 g
Fett 23 g
Kohlenhydrate 57 g

Zubereitung

Das Mehl in einer Schüssel mit dem Salz vermengen. In die Mitte eine Mulde drücken. Die Hefe hineinbröckeln und mit 1 Esslöffel Zucker, der Hafermilch und etwas Mehl vom Rand zu einem Vorteig vermengen. Abgedeckt 15 Minuten stehen lassen. Den restlichen Zucker, Vanille und Butter hinzufügen und alles zu einem geschmeidigen Teig verkneten. Abgedeckt an einem warmen Ort ca. 1 Stunde gehen lassen, bis sich das Volumen verdoppelt hat.

~~~

Ein Backblech mit Backpapier auslegen. Den Backofen auf 170 °C vorheizen. Für die Füllung die Butter zerlassen. Zucker mit Zimt mischen.

~~~

Den Teig auf einer leicht bemehlten Arbeitsfläche kurz durchkneten und in 4 gleich große Stücke teilen. Jedes Teigstück zu einem Kreis mit 28 Zentimeter Durchmesser ausrollen. Den 1. Teigkreis auf das Backblech legen. Mit etwa $1/3$ der Butter bestreichen und $1/3$ der Zimt-Zucker-Mischung daraufstreuen. Den 2. Teigkreis bündig darauflegen, ebenso bestreichen. Mit dem 3. Teigkreis ebenso verfahren. Den 4. Teigkreis als Deckel auflegen.

~~~

Mit dem Ausstecher in die Mitte einen Abdruck stanzen, dabei nicht durchstechen. Den Teigkreis in 16 Stücke schneiden, dabei nur bis zum runden Abdruck in der Mitte schneiden. Jeweils zwei nebeneinanderliegende Teigstränge anheben und nach außen gegeneinanderdrehen. Die Enden zusammendrücken und umschlagen. Im Backofen ca. 35 Minuten backen. Herausnehmen und abkühlen lassen.

FÜR 12 STÜCKE
ZUBEREITUNGSZEIT: CA. 15 MINUTEN
BACKZEIT: 60–70 MINUTEN

Zitronen-Hafer-Kuchen

Zutaten

Für den Teig

200 g zarte Haferflocken
400 g griechischer Joghurt (10 % Fett)
150 g weiche Butter
150 g Zucker
4 Eier (Größe M)
200 g Weizenmehl (Type 405)
2 gestr. Tl Backpulver
abgeriebene Schale von 1 unbehandelten Zitrone
2 El Milch (optional)

Für den Zitronenguss

150 g Puderzucker
Saft von ½ Zitrone

Außerdem

Springform (26 cm ø)
Butter für die Form

Nährwerte

Pro Stück ca. 380 kcal/1590 kJ
Eiweiß 7 g
Fett 17 g
Kohlenhydrate 49 g

Zubereitung

Den Backofen auf 200 °C vorheizen. Für den Teig die Haferflocken mit dem Joghurt verrühren und 10 Minuten quellen lassen.

~~

Inzwischen die Butter mit dem Zucker schaumig rühren. Die Eier nacheinander unterrühren. Mehl mit Backpulver mischen und in den Teig einarbeiten. Die abgeriebene Zitronenschale zusammen mit der Haferflocken-Joghurt-Masse unterziehen. Sollte der Teig zu fest werden, etwas Milch zugeben.

~~

Eine Springform buttern, den Teig einfüllen und glatt streichen. Den Kuchen im vorgeheizten Backofen auf der zweiten Schiene von unten 1 Stunde backen. Dann mithilfe eines Holzstäbchens mittig in den Kuchen stechen und herausziehen. Sollte noch Teig daran haften, weitere 10 Minuten backen.

~~

Den Zitronen-Hafer-Kuchen herausnehmen, kurz abkühlen lassen und dann vorsichtig aus der Form lösen. Auf eine Kuchenplatte setzen.

~~

Für den Zitronenguss den Puderzucker sieben. Nur so viel Zitronensaft untermischen, dass ein streichfähiger Guss entsteht. Den Kuchen oben mehrfach mit einem Holzstäbchen einstechen und mit dem Zitronenguss bestreichen. Vor dem Anschneiden vollständig abkühlen lassen.

FÜR 12 STÜCK
ZUBEREITUNGSZEIT: CA. 15 MINUTEN
BACKZEIT: 15 MINUTEN

Haferschnitten
mit Konfitüre

Zutaten

200 g Butter
300 g zarte Haferflocken
100 g brauner Zucker
1 Prise Salz
ca. 130 g Erdbeerkonfitüre ohne Stücke

Außerdem
Backform (ca. 30 x 40 cm)

Nährwerte
Pro Stück ca. 275 kcal/1145 kJ
Eiweiß 3 g
Fett 16 g
Kohlenhydrate 30 g

Zubereitung

Den Backofen auf 180 °C vorheizen. Die Butter in Stücken in einen kleinen Topf geben und zerlassen. Anschließend etwas abkühlen lassen. Die Haferflocken in eine Rührschüssel geben und mit flüssiger Butter, Zucker und Salz zu einem Teig verrühren.

~~~

Die Backform mit Backpapier auslegen, den Teig gleichmäßig dick einfüllen. Ein zweites Stück Backpapier obenauf legen und die Hafermasse glatt streichen, dabei gut andrücken. Das Papier wieder abziehen.

~~~

Im heißen Ofen 15 Minuten backen. Anschließend die Teigplatte mithilfe des Backpapiers sofort aus der Form heben und auf ein großes Brett legen. (Den Teig nicht in der Form abkühlen lassen, da er dann leicht beim Herausheben brechen würde.) Die Platte halbieren, eine Hälfte mit Konfitüre bestreichen. Die andere Hälfte darüberlegen und vorsichtig andrücken. Den Kuchen in fingerlange Rechtecke schneiden und vollständig abkühlen lassen. In einer geschlossenen Keksdose und zwischen Lagen von Butterbrotpapier aufbewahrt, bleiben die Schnitten schön knusprig. Sie halten sich ca. 4 Wochen.

Je länger
der Teig im Ofen
bleibt, desto knuspriger
und karamelliger
wird er.

Für den Crumble können auch Äpfel, Birnen, Himbeeren, Brombeeren, Zwetschgen oder Quitten verwendet werden.

Pflaumen-Crumble

Zutaten

Für das Kompott

1 kg Pflaumen
3 El brauner Zucker
½ Tl gemahlener Zimt

Für die Streusel

100 g Weizenmehl (Type 405)
100 g kernige Haferflocken
100 g brauner Zucker
100 g Butter

Außerdem

Auflaufform (ca. 20 x 30 cm)

Zubereitung

Die Pflaumen waschen, halbieren oder vierteln und entsteinen. Zusammen mit wenig Wasser, Zucker und Zimt in einem Topf erhitzen und unter Rühren 3–5 Minuten köcheln lassen. Vom Herd nehmen.

〜〜

Den Backofen auf 180 °C vorheizen. Für die Streusel Mehl, Haferflocken und Zucker in einer Schüssel mischen. Die Butter zerlassen und dazu gießen. Alles gut mit einem Holzlöffel verrühren.

〜〜

Das Pflaumenkompott in eine passende Auflaufform füllen und gleichmäßig mit den Streuseln bedecken. Den Crumble im vorgeheizten Ofen 25 Minuten backen, bis die Streusel knusprig und braun sind. Herausnehmen und warm oder kalt genießen. Dazu schmeckt Schlagsahne.

Nährwerte

Pro Portion ca. 400 kcal/1690 kJ
Eiweiß 5 g
Fett 15 g
Kohlenhydrate 61 g

FÜR 4–6 PORTIONEN
ZUBEREITUNGSZEIT: CA. 15 MINUTEN
BACKZEIT: CA. 25 MINUTEN

Rhabarber-Crumble

Zutaten

10 g Butter
500 g Rhabarber
100 g Zucker
1 P. Vanillezucker
½ Tl Zimt
1 Tl Speisestärke

Für die Streusel

150 g Butter
120 g Weizenmehl (Type 405)
80 g zarte Haferflocken
80 g Zucker

Außerdem

Tarteform (24 cm ø)
Fett für die Form

Zubereitung

Den Backofen auf 200 °C vorheizen und die Tarteform einfetten.

~~

Den Rhabarber waschen und putzen, in 1 Zentimeter dicke Stücke schneiden und in der Form verteilen. Zucker, Vanillezucker, Zimt und Speisestärke mischen und gleichmäßig über den Rhabarber sieben.

~~

Für die Streusel die Butter erhitzen, etwas abkühlen lassen und mit den restlichen Zutaten für die Streusel verkneten. Am schnellsten geht es per Hand. Streusel über den Rhabarber bröseln und den Crumble 25 Minuten goldbraun backen.

~~

Dann den Crumble etwas abkühlen lassen und lauwarm oder kalt servieren. Dazu passt Vanilleeis oder Vanillesauce.

Nährwerte

Pro Portion ca. 538 kcal/2252 kJ
Eiweiß 5 g
Fett 28 g
Kohlenhydrate 65 g

FÜR 4 PORTIONEN
ZUBEREITUNGSZEIT: 20 MINUTEN
BACKZEIT: 15 MINUTEN

Müsli-Crumble
mit Äpfeln

Zutaten

2 Äpfel
1 El Zitronensaft
1 P. Vanillezucker
20 g getrocknete Cranberrys
40 g Mandeln
40 g kernige Haferflocken
40 g gemahlene Mandeln
2 El Zucker
40 g Butter

Außerdem

4 Tarteförmchen (12 cm ø)
Fett für die Formen

Zubereitung

Den Backofen auf 200 °C vorheizen und vier Tarteförmchen ausfetten. Die Äpfel waschen, vierteln, das Kerngehäuse entfernen und in dünne Spalten schneiden. Mit dem Zitronensaft beträufeln.
Die Spalten fächerartig in den Förmchen verteilen und mit Vanillezucker bestreuen. Cranberrys darüber verteilen.

~~

Die Mandeln grob hacken. Haferflocken, gehackte und gemahlene Mandeln, Zucker und Butter verkneten. Die Masse in Bröseln auf den Äpfeln verteilen. Im Backofen 15 Minuten goldbraun backen.

Nährwerte

Pro Stück ca. 326 kcal/1365 kJ
Eiweiß 7 g
Fett 20 g
Kohlenhydrate 31 g

FÜR 8 STÜCK
ZUBEREITUNGSZEIT: CA. 30 MINUTEN
BACKZEIT: CA. 25 MINUTEN
ABKÜHLZEIT: CA. 30 MINUTEN

Müsli-Muffins
mit Apfel und Walnüssen

Zutaten

Für die Muffins

150 g Weizenmehl (Type 405)
100 g zarte Haferflocken
1 Tl Backpulver
1 Prise Salz, 75 g Rohrohrzucker
½ Tl Zimtpulver
50 g Butter
1 Ei (Größe M)
200 g Naturjoghurt oder Buttermilch
1 großer Apfel
50 g Walnusskerne

Für das Crunchy-Topping

50 g kernige Haferflocken
1 El Honig, 1 El Sonnenblumenöl

Außerdem

12er Muffinblech
8 Papierförmchen
   für das Blech

Nährwerte

Pro Stück ca. 320 kcal/1340 kJ
Eiweiß 7 g
Fett 14 g
Kohlenhydrate 41 g

Zubereitung

Den Backofen auf 190 °C vorheizen. Ein Muffinblech mit acht Papierförmchen auslegen.

~~~

Mehl, Haferflocken, Backpulver, Salz, Zucker und Zimt in einer Schüssel vermischen. Die Butter zerlassen und mit dem Ei in einer weiteren Schüssel verquirlen. Den Joghurt untermischen. Die flüssige Mischung zur trockenen Mischung gießen und so lange mischen, bis keine trockenen Stellen mehr zu sehen sind.

~~~

Den Apfel schälen, vierteln, das Kerngehäuse entfernen und die Apfelviertel würfeln. Die Walnusskerne grob hacken. Apfelwürfel und Walnusskerne zum Teig geben und kurz unterrühren. Den Teig gleichmäßig auf die Papierförmchen im Blech verteilen.

~~~

Für das Topping alle Zutaten in einer Schüssel verrühren und gleichmäßig auf den einzelnen Muffins verteilen.

~~~

Die Muffins 20–25 Minuten backen, bis das Topping goldbraun und knusprig ist und die Muffins durchgebacken sind. Zur Sicherheit eine Stäbchenprobe machen. Sollten die Muffins noch nicht durchgebacken sein, das Blech gegebenenfalls mit Alufolie abdecken und die Muffins 5 Minuten weiterbacken. Die Muffins auf einem Kuchengitter auskühlen lassen, luftdicht verpacken und innerhalb von 2 Tagen genießen.

WALNUT
APPLE
muffins

FÜR 16 STÜCK
ZUBEREITUNGSZEIT: 25 MINUTEN
BACKZEIT: CA. 20 MINUTEN BACKZEIT
ABKÜHLZEIT: CA. 15 MINUTEN

Britische Flapjacks

Zutaten

125 g Butter
100 g Rohrohrzucker
50 g heller Sirup
1 Prise Salz
250 g kernige Haferflocken

Nährwerte

Pro Stück ca. 150 kcal/620 kJ
Eiweiß 2 g
Fett 8 g
Kohlenhydrate 18 g

Zubereitung

Den Backofen auf 190 °C vorheizen. Eine quadratische Backform von 20 cm Seitenlänge mit Backpapier auslegen.

~~~

Die Butter in einen großen Topf geben und bei niedriger Temperatur schmelzen lassen. Zucker, Sirup und Salz dazugeben und alles unter Rühren einmal aufkochen lassen. Bei sehr niedriger Temperatur etwa 1 Minute sanft köcheln lassen.

~~~

Von der Hitze nehmen, die Haferflocken gründlich unterrühren und die Masse gleichmäßig in die Form streichen. Die Müslimasse ca. 20 Minuten backen, bis die Oberfläche goldbraun ist.

~~~

Die Form aus dem Ofen nehmen, die Masse 5 Minuten auskühlen lassen, dann mit einem scharfen Messer erst in vier Quadrate und daraus in schließlich 16 Dreiecke schneiden. Die Riegel sind dabei noch sehr weich, lassen sich aber später dann gut in Stücke brechen.

~~~

Nach 10 Minuten aus der Form nehmen und auf einem Kuchengitter vollständig auskühlen lassen. Die Flapjacks halten sich luftdicht verpackt etwa 3 – 4 Tage frisch.

FÜR 40 STÜCK
ZUBEREITUNGSZEIT: CA. 20 MINUTEN
BACKZEIT: CA. 10 MINUTEN

Haferflockentaler

Zutaten

125 g Weizenmehl (Type 405)
1 Ei (Größe M)
1 Eigelb (Größe M)
130 g feiner Zucker
1 Prise Salz
180 g weiche Butter
2 P. Vanillezucker
abgeriebene Schale
    von ½ unbehandelten Zitrone
150 g gehackte Cashewkerne
150 g zarte Haferflocken

Zubereitung

Den Backofen auf 180 °C vorheizen und zwei Backbleche mit Backpapier auslegen.

~~

Alle Zutaten in eine Schüssel geben und zu einem
mürben Teig verkneten. Mit angefeuchteten Händen
haselnussgroße Kugeln formen.

~~

Die Teigkugeln auf die Backbleche legen, dabei die
Kugeln nicht zu dicht aneinanderlegen, da sie beim
Backen noch verlaufen. Im Ofen ca. 8 Minuten backen
und auf Kuchengittern abkühlen lassen. In einer Keksdose zwischen Lagen von Butterbrotpapier aufbewahrt halten die Kekse ca. 4 Wochen.

Nährwerte

Pro Stück ca. 190 kcal/795 kJ
Eiweiß 3 g
Fett 10 g
Kohlenhydrate 22 g

*Nach Belieben
mit geschmolzener Kuvertüre
verzieren und mit einigen
gerösteten zarten
Haferflocken
bestreuen.*

FÜR 4 PORTIONEN
ZUBEREITUNGSZEIT: CA. 15 MINUTEN
ABKÜHLZEIT: CA. 20 MINUTEN

Hafer-Sesam-Makronen

Zutaten

100 g Butter
100 g Honig
100 g kernige Haferflocken
50 g gehackte Mandeln
30 g Sesamsaat
1 Tl abgeriebene Schale
   von 1 unbehandelten Orange

Außerdem

Oblaten (3 cm ø)

Zubereitung

Die Butter in Würfel schneiden und in einen Topf geben. Bei mittlerer Hitze zerlassen, dann den Honig zugeben und unter Rühren das Ganze ca. 5 Minuten köcheln lassen, bis die Masse eine dickliche Konsistenz bekommt.

~~

Haferflocken, Mandeln, Sesam und Orangenschale zugeben und gut unterrühren. Die Masse abkühlen lassen.

~~

Dann kleine Häufchen auf Oblaten setzen und trocknen lassen. Nach Belieben dekorativ als Mitbringsel verpacken oder selbst vernaschen. In einer Keksdose zwischen Lagen von Butterbrotpapier aufbewahrt halten die Makronen ca. 2 Wochen.

Nährwerte

Pro Portion ca. 470 kcal/1968 kJ
Eiweiß 8 g
Fett 33 g
Kohlenhydrate 37 g

FÜR CA. 50 STÜCK
ZUBEREITUNGSZEIT: CA. 15 MINUTEN
BACKZEIT: CA. 24 MINUTEN

Haferflocken-Kekse
mit Kürbiskernen

Zutaten

200 g zimmerwarme Butter
160 g Zucker
1 Ei (Größe M)
60 g Kürbiskerne
200 g zarte Haferflocken
100 g Weizenmehl (Type 405)
40 g Kokosraspel
2 gestrichene Tl Backpulver

Zubereitung

Den Backofen auf 180 °C vorheizen und zwei Backbleche mit Backpapier auslegen. Die Butter und
den Zucker mit den Quirlen eines Handrührgerätes
3–4 Minuten cremig aufschlagen, dann das Ei
unterrühren.

~~

Die Kürbiskerne hacken. Restliche Zutaten mit den
Kürbiskernen mischen und unter die Buttermasse
rühren.

~~

Den Teig mit zwei Teelöffeln in kleinen Häufchen
auf dem Backpapier verteilen, dabei ausreichend
Abstand lassen. Die Kekse nacheinander oder bei
Umluft gleichzeitig für 10–12 Minuten goldgelb
backen. Auf einem Rost abkühlen lassen. In einer
Keksdose zwischen Lagen von Butterbrotpapier
aufbewahrt halten die Kekse ca. 4 Wochen.

Nährwerte
Pro Stück ca. 80 kcal/325 kJ
Eiweiß 1 g
Fett 5 g
Kohlenhydrate 7 g

FÜR 4 PORTIONEN
ZUBEREITUNGSZEIT: CA. 30 MINUTEN
RUHEZEIT: CA. 30 MINUTEN

Haferflockencrêpes
mit Ahornsirup

Zutaten

60 g Butter
50 g kernige Haferflocken
80 g Weizenmehl (Type 405)
3 Eier (Größe M)
125 ml Milch
1 Prise Salz

Außerdem

Speiseöl zum Backen
Ahornsirup

Nährwerte

Pro Portion ca. 327 kcal/1369 kJ
Eiweiß 15 g
Fett 21 g
Kohlenhydrate 26 g

Zubereitung

1 Esslöffel Butter in einer Pfanne zerlassen und die Haferflocken darin einige Minuten anrösten. Dann erkalten lassen. Restliche Butter schmelzen und ebenfalls etwas abkühlen lassen.

~~~

Das Mehl in eine Rührschüssel sieben. Eier mit Hafermilch und Salz verschlagen und nach und nach unter das Mehl rühren. Dabei darauf achten, dass sich keine Klümpchen bilden. Die zerlassene Butter und die Haferflocken unterrühren und den Teig 30 Minuten ruhen lassen. Den Backofen auf 50 °C vorheizen. Dabei einen großen Teller mit erwärmen.

~~~

Etwas von dem Speiseöl in einer beschichteten Pfanne erhitzen. Den Teig noch einmal gut durchrühren und eine dünne Teiglage gleichmäßig auf dem Boden der Pfanne verteilen. Die Crêpe 2–3 Minuten bei mittlerer Hitze goldbraun backen. Vor dem Wenden noch einmal etwas Öl in die Pfanne geben, die Crêpe vorsichtig wenden und nochmal 2–3 Minuten backen. Die Crêpe auf den vorgewärmten Teller geben und im Ofen warm halten. So fortfahren, bis der Teig verbraucht ist.

~~~

Die Crêpes mit Ahornsirup bestreichen und zusammengerollt servieren.

Die Waffeln schmecken auch klassisch mit heißen Kirschen, Sahne oder Vanilleeis.

FÜR 4 PORTIONEN
ZUBEREITUNGSZEIT: CA. 35 MINUTEN
EINWEICHZEIT: CA. 4 STUNDEN

Haferflockenwaffeln
mit Mangosauce

Zutaten

Für die Waffeln

250 g kernige Haferflocken
500 ml Buttermilch
200 g Butter
2 El Waldhonig
4 Eier (Größe M)
evtl. etwas Mineralwasser
1 Prise Salz
abgeriebene Schale
   von 1 unbehandelten Zitrone

Für die Mangosauce

350 g Mangofruchtfleisch
1 Stück Ingwer (ca. 2 cm)
50 g Zucker, 1 P. Vanillezucker
175 ml Orangensaft
50 ml Sahne

Außerdem

Fett für das Waffeleisen
Puderzucker

Nährwerte

Pro Portion ca. 822 kcal/3442 kJ
Eiweiß 22 g
Fett 60 g
Kohlenhydrate 52 g

Zubereitung

Die Haferflocken in eine Schüssel geben und mit der Buttermilch übergießen. Abgedeckt mindestens 4 Stunden quellen lassen.

~~~

Für die Mangosauce das Fruchtfleisch grob würfeln, einige schöne, nicht zu große Stücke für die Dekoration zurückbehalten. Den Ingwer schälen und reiben. Zucker und Vanillezucker in einem Topf bei mittlerer Hitze karamellisieren lassen. Orangensaft zugeben und gut umrühren, damit nichts anbrennt. Mangowürfel und Ingwer zugeben und alles bei schwacher Hitze 5 Minuten köcheln lassen. Zum Schluss die Sahne zugeben und die Sauce fein pürieren.

~~~

Für die Waffeln die Butter zerlassen, in eine Rührschüssel geben und den Honig unterrühren. Die Eier in die noch warme Mischung geben und unter ständigem Rühren die Haferflocken untermengen. So lange rühren, bis ein zähflüssiger Teig entstanden ist. Sollte er zu dickflüssig sein, einen Schuss Mineralwasser dazugeben. Mit Salz und Zitronenabrieb abschmecken.

~~~

Jeweils 2 Esslöffel Teig in ein erhitztes, gefettetes Waffeleisen füllen und verstreichen. Die Waffeln goldbraun backen, herausnehmen. Abgedeckt warm halten und weitere Waffeln backen, bis der Teig aufgebraucht ist.

~~~

Die Waffeln mit Puderzucker bestäuben und Mangostückchen dekorieren. Mit der Mangosauce servieren.

GESUNDE SNACKS
& RIEGEL

*Für schnelle Energie beim Sport
oder als Snack zwischendurch,
Hafer verleiht extra Power!*

~

FÜR CA. 20 STÜCK
ZUBEREITUNGSZEIT: CA. 20 MINUTEN
KÜHLZEIT: CA. 12 STUNDEN

Haferflockenriegel
mit Datteln

Zutaten

100 g getrocknete, entsteinte Datteln
75 ml Apfelsaft
4 El Cashewkernmus
3 El ungesüßtes Kakaopulver
1 Tl Zimt
200 g kernige Haferflocken

Zubereitung

Die Datteln mit dem Apfelsaft in einem Standmixer pürieren. Das Cashewkernmus mit dem Kakaopulver und dem Zimt hinzugeben. Alles glatt rühren.

~~

Die Haferflocken schrittweise hinzugeben und dabei nicht zu fein zerkleinern. Die Masse zwischen zwei Lagen Backpapier zu einem Rechteck von ca. 1 Zentimetern Stärke ausrollen. Über Nacht kühl stellen.

~~

Die Masse mit einem scharfen Messer in Riegel schneiden. Luftdicht verpackt sind die Riegel im Kühlschrank ca. 2 Wochen haltbar.

Nährwerte

Pro Stück ca. 74 kcal/310 kJ
Eiweiß 2 g
Fett 2 g
Kohlenhydrate 11 g

FÜR 5 STÜCK
ZUBEREITUNGSZEIT:
CA. 10 MINUTEN

Powerriegel
mit Cranberrys

Zutaten

20 g getrocknete Cranberrys
20 g Haselnusskerne
30 g Kürbiskerne
50 g getrocknete Feigen
50 g getrocknete Aprikosen
50 g kernige Haferflocken
15 g Sesamsaat

Zubereitung

Cranberrys, Haselnüsse und Kürbiskerne grob hacken. Die Feigen und die Aprikosen in einem Standmixer pürieren. Alle anderen Zutaten bis auf den Sesam hinzufügen und alles vorsichtig miteinander vermengen.

~~~

Die Masse zu 5 Riegeln formen und fest zusammen-drücken. Im Sesam wenden. Für den späteren Verzehr im Kühlschrank lagern.

Nährwerte

Pro Stück ca. 176 kcal/737 kJ
Eiweiß 5 g
Fett 8 g
Kohlenhydrate 21 g

FÜR CA. 20 STÜCK
ZUBEREITUNGSZEIT: CA. 25 MINUTEN
KÜHLZEIT: CA. 30 MINUTEN

Rohe Müsli-Bites

mit Erdnussbutter

Zutaten

40 g Rosinen
75 g kernige Haferflocken
30 g Sonnenblumenkerne
35 g gehackte Mandeln
2 El geschrotete Leinsamen
1 El flüssiger Honig
150 g cremige Erdnussbutter ohne Zucker

Zubereitung

Die Rosinen grob hacken, dann zusammen mit Haferflocken, Sonnenblumenkernen, gehackten Mandeln und Leinsamen in einer Schüssel vermischen. Den Honig gleichmäßig darüberträufeln, dann die Erdnussbutter dazugeben. Die Mischung mit einem großen Löffel gründlich durchmischen und kräftig verrühren, bis eine gleichmäßige Masse entsteht.

~~

Die Müslimasse 30 Minuten in den Kühlschrank stellen, dann noch mal gut durchkneten und andrücken. Danach gleichmäßig große Stücke von ca. 15 Gramm abnehmen und in den Handflächen zu Kugeln formen. Wer mag, rollt die Bites noch in Sesamsaat.

~~

In einen luftdichten Behälter füllen, im Kühlschrank aufbewahren und innerhalb weniger Tage verbrauchen.

Nährwerte

Pro Stück ca. 92 kcal/385 kJ
Eiweiß 3 g
Fett 6 g
Kohlenhydrate 6 g

ENJOY

Man kann auch
jede andere Nussbutter
verwenden, wenn man
einen neutraleren
Geschmack
haben möchte.

FÜR 20 STÜCK
ZUBEREITUNGSZEIT: CA. 25 MINUTEN
BACKZEIT: CA. 20 MINUTEN

Frühstückskekse

mit Kokos

Zutaten

75 g natives Kokosöl
75 g Rohrohrzucker
1 Ei (Größe M)
1 Tl Vanilleextrakt
85 g Kokosflocken
30 g zarte Haferflocken
50 g Weizenmehl (Type 405)
3 El Weizenkleie
1 Tl Backpulver
1 Prise Salz

Zubereitung

Den Backofen auf 175 °C vorheizen. Zwei Backbleche mit Backpapier auslegen.

~~

Kokosöl und Zucker in einer großen Rührschüssel mit dem Handrührgerät cremig aufschlagen. Das Ei und den Vanilleextrakt dazugeben und alles gründlich miteinander verrühren, bis sich der Zucker weitgehend aufgelöst hat.

~~

In einer weiteren Schüssel die restlichen Zutaten gut miteinander vermischen, dann unter die Kokosöl-Ei-Mischung rühren.

~~

Walnussgroße Portionen vom Teig abnehmen und diese zu Kugeln formen. Die Teigkugeln mit ausreichend Abstand zueinander auf die Bleche setzen. Die Kugeln nun mit dem Handballen vorsichtig etwas flach drücken, damit der Keks gleichmäßig gebacken wird.

~~

Die Frühstückskekse nacheinander 18–20 Minuten backen, bis sie goldbraun sind. Vorsichtig vom Blech heben, auf einem Kuchengitter vollständig auskühlen lassen und luftdicht verpacken. Die Kekse halten so ca. 2 Wochen.

Nährwerte

Pro Stück ca. 100 kcal/405 kJ
Eiweiß 1 g
Fett 7 g
Kohlenhydrate 7 g

FÜR 45 STÜCK
ZUBEREITUNGSZEIT: CA. 30 MINUTEN
KÜHLZEIT: CA. 1 STUNDE
BACKZEIT: CA. 55 MINUTEN

Gewürz-Cracker

Zutaten

150 g Weizenvollkornmehl
100 g kernige Haferflocken
2 Tl Salz
2 Tl Koriandersamen
2 Tl Fenchelsamen
4 El Olivenöl
½ Tl Sesamöl
250 g Kern- und Samenmix
    (z. B. gemahlene Leinsamen, Sesam,
    Mohn, Sonnenblumenkerne, Kürbiskerne,
    gehackte Nüsse usw.)
Meersalz

Außerdem
Öl zum Einfetten

Zubereitung

Sämtliche Zutaten, bis auf den Kernmix, mit 360 Milliliter kaltem Wasser vermischen, abdecken und 1 Stunde kühl stellen. Anschließend die Kerne unterrühren.

~~~

Den Backofen auf 200 °C vorheizen. Ein Backblech ölen, sehr glatt mit Backpapier auslegen und auch dieses ölen. Den Teig nun mit einem Löffel oder einer Winkelpalette sehr gleichmäßig bis zum Rand auf dem Backblech verstreichen. Mit Meersalz bestreuen.

~~~

15 Minuten backen. Das Backblech aus dem Ofen nehmen und die Temperatur auf 175 °C reduzieren. Mit einem scharfen Messer oder einem Teigrädchen 45 Cracker vorschneiden.

~~~

Das Backblech wieder in den Ofen schieben und 30–40 Minuten knusprig zu Ende backen. Cracker auf dem Backpapier auskühlen lassen, umdrehen und vorsichtig das Backpapier abziehen. An den Sollbruchstellen auseinanderbrechen.

Nährwerte
Pro Stück ca. 63 kcal/264 kJ
Eiweiß 2 g
Fett 4 g
Kohlenhydrate 4 g

HAUPTGERICHTE

Hafer als Hauptgericht? Natürlich!
Probier die leckeren Ideen vom Risotto
bis zum Curry in diesem Kapitel.

~~~

FÜR 4 PORTIONEN
ZUBEREITUNGSZEIT:
CA. 40 MINUTEN

Mediterraner Salat
mit Hafer

Zutaten

Für den Salat

200 g Nackthafer
1 Tl Salz
1 gelbe Paprikaschote
1 kleine Salatgurke
150 g Kirschtomaten
1 Knoblauchzehe
150 g Feta

Für das Dressing

1 El flüssiger Honig
1 El Dijon-Senf
Saft von ½ Zitrone
Salz
Pfeffer
4 El Olivenöl
3 El gehackter Dill

Nährwerte

Pro Portion ca. 400 kcal/1680 kJ
Eiweiß 13 g
Fett 23 g
Kohlenhydrate 35 g

Zubereitung

Den Hafer in einem Topf ohne Fett so lange erhitzen, bis er duftet und anfängt zu platzen. 400 Milliliter Wasser zugießen, Salz zugeben und den Hafer zugedeckt bei geringer Hitze 30 Minuten garen. Dabei hin und wieder umrühren.

Inzwischen die Paprikaschote vierteln, entkernen, den Stielansatz entfernen und innen und außen waschen. Die Paprikaviertel klein würfeln. Die Salatgurke schälen, die Enden abschneiden und ebenfalls klein würfeln. Die Kirschtomaten waschen und vierteln. Die Knoblauchzehe schälen und hacken. Den Feta klein würfeln.

Den Hafer in ein Sieb abgießen und kalt abspülen. In eine Salatschüssel geben und mit den vorbereiteten Zutaten mischen.

Für das Dressing den Honig mit Senf und Zitronensaft verrühren und mit Salz und Pfeffer abschmecken. Das Olivenöl nach und nach unterschlagen. Den gehackten Dill einrühren. Das Dressing über den Salat geben und alles gut mischen. Sofort servieren.

FÜR 4 PORTIONEN
ZUBEREITUNGSZEIT:
CA. 40 MINUTEN

Cheeseburger
mit Hafer-Pattys

Zutaten

Für die Pattys

150 g zarte Haferflocken
350 ml heiße Gemüsebrühe
1 Knoblauchzehe, 1 Zwiebel, 1 Möhre
2 El Olivenöl
1 Ei (Größe M)
30 g Semmelbrösel
2 Tl mittelscharfer Senf
Salz, Pfeffer
1 El frisch gehackte Petersilie
3 El Rapsöl

Außerdem

4 Burger-Brötchen
2 Tomaten
1 Zwiebel nach Belieben
4 Salatblätter
4 El Mayonnaise
4 Scheiben junger Gouda
Ketchup

Zubereitung

Die Haferflocken in eine Schüssel geben und die heiße Gemüsebrühe darübergießen. 30 Minuten zugedeckt quellen lassen. Knoblauch und Zwiebel schälen und fein hacken. Die Möhre waschen, schälen und fein raspeln.

~~~

Das Öl in einer Pfanne erhitzen und Knoblauch, Zwiebel und Möhre anschwitzen. Zu den Haferflocken geben. Das Ei und die Semmelbrösel zufügen und mit Senf, Salz, Pfeffer und Petersilie würzen. Alles zu einer Masse vermengen und daraus 4 Bratlinge formen. Bei Bedarf etwas mehr Semmelbrösel untermischen. In einer Pfanne das Rapsöl erhitzen und die Bratlinge beidseitig in 10 Minuten braten.

~~~

Inzwischen die Brötchen halbieren und die Schnittflächen nach Belieben leicht anrösten oder toasten. Die Tomaten waschen, die Stielansätze entfernen und das Fruchtfleisch in Scheiben schneiden. Die Zwiebel schälen und in dünne Ringe schneiden. Salatblätter waschen und trocken tupfen.

~~~

Die unteren Brötchenhälften mit Mayonnaise bestreichen, je 1 Salatblatt daraufgeben und 1 Bratling daraufsetzen. Käse, Tomaten und Zwiebel darübergeben. Etwas Ketchup daraufgeben, die oberen Hälften auflegen und die Burger servieren.

Nährwerte

Pro Portion ca. 744 kcal / 3115 kJ
Eiweiß 27 g
Fett 39 g
Kohlenhydrate 70 g

FÜR 4 PORTIONEN
ZUBEREITUNGSZEIT: CA. 10 MINUTEN
QUELLZEIT: 8 STUNDEN · MARINIERZEIT: 30 MINUTEN · GARZEIT: CA. 30 MINUTEN

Zitronenhafer
mit mariniertem Lachs

Zutaten

Für den Zitronenhafer
250 g Nackthafer
1 unbehandelte Zitrone
Salz

Für den marinierten Lachs
600 g Lachsfilet mit Haut
2 El Olivenöl
1 Tl Salz
½ Tl Zucker
1 Prise Pfeffer
Saft von 1 Zitrone
1 unbehandelte Zitrone
4 Zweige Thymian

Außerdem
Auflaufform (20 x 30 cm)

Nährwerte
Pro Portion ca. 540 kcal/2240 kJ
Eiweiß 37 g
Fett 26 g
Kohlenhydrate 37 g

Zubereitung

Am Vortag den Hafer in einem Sieb unter fließendem kaltem Wasser abspülen. In einen Topf geben, mit Wasser 2 Finger hoch bedecken und mindestens 8 Stunden, am besten über Nacht, quellen lassen. Am nächsten Tag die Zitrone heiß waschen, trocken reiben und die Schale dünn abschälen. Zusammen mit ¼ Teelöffel Salz zum Hafer geben, im Einweichwasser zum Kochen bringen und 25–30 Minuten bei geringer Hitze zugedeckt garen.

~~

Das Lachsfilet unter fließendem kaltem Wasser abspülen, trocken tupfen und in 4 gleich große Stücke schneiden. Eine Auflaufform mit Olivenöl einpinseln. Die Lachsfilets mit der Hautseite nach unten hineinlegen. Mit Salz, Zucker und Pfeffer bestreuen und mit Zitronensaft beträufeln. Den Fisch zugedeckt im Kühlschrank 30 Minuten marinieren. Inzwischen den Backofen auf 180 °C vorheizen.

~~

Die unbehandelte Zitrone heiß waschen, trocken reiben und in dünne Scheiben schneiden. Den Thymian waschen und trocken schütteln. Den marinierten Lachs mit Zitronenscheiben und je einem Thymianzweig belegen und im vorgeheizten Ofen ca. 20 Minuten garen. Die Garzeit hängt von der Dicke der Filets ab. Der Fisch sollte innen noch leicht glasig sein.

~~

Den Hafer in ein Sieb abgießen, die Zitronenschale entfernen. Hafer auf Teller verteilen. Die Lachsfilets samt Zitronenscheiben obenauf anrichten. Dazu passt ein Gurkensalat mit Joghurt-Dill-Dressing.

FÜR 4 PORTIONEN
ZUBEREITUNGSZEIT: CA. 1 STUNDE
BACKZEIT: CA. 25 MINUTEN

Linsenbällchen
mit „Rahm"-Sauce und Kartoffelpüree

Zutaten

Für die Linsenbällchen

100 g Berglinsen, Salz
1 Zwiebel, 1 Knoblauchzehe
150 g Champignons
1 El Olivenöl
40 g zarte Haferflocken, 2 Tl scharfer Senf
1 Tl geräuchertes Paprikapulver, Pfeffer

Für die Rahmsauce

60 g Butter, 40 g Weizenmehl (Type 405)
300 ml Gemüsebrühe, 400 ml Hafersahne
2 El Hefeflocken, ½ Tl scharfer Senf
1 Tl Sojasauce, Salz, Pfeffer

Für das Kartoffelpüree

1 kg mehligkochende Kartoffeln, Salz
100 ml Hafermilch, 100 g Butter
Pfeffer, frisch geriebene Muskatnuss

Außerdem

Preiselbeeren
aus dem Glas

Nährwerte

Pro Portion ca. 654 kcal/2738 kJ
Eiweiß 15 g
Fett 41 g
Kohlenhydrate 56 g

Zubereitung

Die Linsen in 300 Milliliter Salzwasser ca. 30 Minuten garen. Bei Bedarf etwas Wasser zugießen. Vom Herd nehmen und 5 Minuten ausquellen lassen. Gegebenenfalls übriges Wasser abgießen.

~~

Zwiebel und Knoblauchzehe schälen und fein hacken. Die Pilze putzen und klein würfeln. Das Öl in einer Pfanne erhitzen und Zwiebel und Knoblauch darin anschwitzen. Pilze zufügen und 5–8 Minuten braten. Etwas abkühlen lassen. Die Pilzmischung mit Linsen und den übrigen Bällchen-Zutaten in einer Küchenmaschine grob pürieren. Kräftig mit Salz und Pfeffer abschmecken. Den Backofen auf 200 °C vorheizen und ein Backblech mit Backpapier belegen. Aus der Masse ca. 20 Bällchen formen und auf das Blech setzen. 20–25 Minuten backen, zwischendurch wenden.

~~

Für die Rahmsauce die Butter in einem Topf schmelzen lassen. Das Mehl darin anschwitzen. Gemüsebrühe und Hafersahne unterrühren. Alles aufkochen und bei mittlerer Hitze ca. 10 Minuten köcheln lassen. Mit Hefeflocken, Senf, Sojasauce, Salz und Pfeffer abschmecken.

~~

Für das Kartoffelpüree die Kartoffeln schälen, waschen, vierteln und in Salzwasser zugedeckt 15–20 Minuten garen. Hafermilch und Butter erhitzen. Die Kartoffeln abgießen und durch die Kartoffelpresse drücken. Die Hafer-Butter-Milch nach und nach unterrühren. Mit Salz, Pfeffer und Muskat würzen.

~~

Die Linsenbällchen mit Kartoffelpüree, Rahmsauce und Preiselbeeren servieren.

FÜR 4 PORTIONEN
ZUBEREITUNGSZEIT: CA. 20 MINUTEN
GARZEIT: 15 MINUTEN

Kürbis-Tomaten-Curry
mit Hafergrütze

Zutaten

Für die Grütze

200 g Hafergrütze
1 Tl Salz

Für das Curry

500 g Hähnchenbrustfilets
1 El Speisestärke, Salz, 1 El gemahlene Kurkuma
1 Knoblauchzehe, 2 cm frischer Ingwer
½ Tl grobes Meersalz
1 Zwiebel, 1 kleine rote Chilischote
500 g Hokkaido-Kürbis
1–2 El Pflanzenöl
2 El Currypulver, 1 El Tomatenmark
200 ml Hafersahne
½ Limette, 150 g Kirschtomaten
Salz, Pfeffer
Korianderblättchen
    für die Dekoration

Nährwerte
Pro Portion ca. 435 kcal/1825 kJ
Eiweiß 36 g
Fett 13 g
Kohlenhydrate 42 g

Zubereitung

Die Hafergrütze mit 600 Milliliter Wasser und dem Salz zugedeckt 20 Minuten bei geringer Hitze köcheln lassen, dabei hin und wieder umrühren.

~~

Für das Curry die Hähnchenbrustfilets unter fließendem kaltem Wasser abspülen, trocknen und in mundgerechte Stücke schneiden. Das Fleisch mit Speisestärke, ½ Teelöffel Salz und Kurkuma gut vermengen.

~~

Knoblauch und Ingwer schälen und mit dem Meersalz im Mörser zu einer Paste zerreiben.

~~

Die Zwiebel schälen und fein würfeln. Die Chilischote längs halbieren, putzen und innen und außen waschen. Trocknen und fein würfeln. Den Kürbis waschen, halbieren, die Kerne mithilfe eines Löffels herauskratzen und das Fruchtfleisch 2 cm groß würfeln. Die Limette auspressen. Die Kirschtomaten waschen und vierteln.

~~

Das Öl in einer großen Deckelpfanne erhitzen. Hähnchenfleisch darin rundherum anbraten und herausnehmen. Zwiebelwürfel, Knoblauch-Ingwer-Paste, Chili, Currypulver und Tomatenmark im Bratansatz rösten. Die Kürbisstücke zugeben. Alles mit Hafersahne und 150 Milliliter Wasser ablöschen. Das Curry bei geringer Hitze zugedeckt 10 Minuten garen. Das Hähnchenfleisch, Limettensaft und Kirschtomaten zugeben. Weitere 5 Minuten zugedeckt garen.

~~

Mit Salz und Pfeffer abschmecken und mit Korianderblättchen bestreut und zur Hafergrütze servieren.

Solltest du keine Hafergrütze bekommen, einfach Nackthafer in kleinen Portionen in den Standmixer geben, grob zerkleinern und wie die Grütze zubereiten. Den Kürbis kannst du durch Süßkartoffel ersetzen.

FÜR 4 PORTIONEN
ZUBEREITUNGSZEIT:
CA. 1 STUNDE

Hafer-Risotto
mit Pastinake, Salbei und Pancetta

Zutaten

Für das Risotto

1 Schalotte, 1 Knoblauchzehe
2 El Olivenöl
300 g Nackthafer
125 ml trockener Weißwein
700 ml heiße Rinderbrühe
1 El Butter
50 g frisch geriebener Parmesan
Salz, Pfeffer

Für das Topping

300 g Pastinaken
4 Stängel Salbei
2 El Olivenöl
4 Scheiben Pancetta (ersatzweise Bacon)

Nährwerte

Pro Portion ca. 560 kcal/2335 kJ
Eiweiß 15 g
Fett 30 g
Kohlenhydrate 52 g

Zubereitung

Für das Risotto die Schalotte und die Knoblauchzehe schälen und fein hacken. Das Olivenöl in einem weiten Topf oder einer hochwandigen Pfanne auf höchster Stufe erhitzen. Den Hafer zusammen mit Schalotte und Knoblauch hineingeben und kurz anschwitzen lassen. Mit dem Weißwein ablöschen und die Hitze reduzieren. Unter Rühren so lange köcheln lassen, bis die Flüssigkeit vollständig aufgenommen wurde, dann etwas heiße Rinderbrühe angießen. Ebenfalls einkochen lassen und dabei gelegentlich umrühren. So weiter verfahren, bis die Flüssigkeit aufgebraucht ist und die Haferkörner gar sind. Das dauert ca. 45 Minuten.

~~~

Inzwischen für das Topping die Pastinaken waschen, trocknen, schälen und in feine Scheiben schneiden. Den Salbei waschen und trocken schütteln. Das Olivenöl in einer beschichteten Pfanne erhitzen. Zuerst die Pastinakenscheiben darin knusprig braten, herausnehmen und warm stellen. Dann den Salbei im Bratsatz braten und schließlich den Pancetta.

~~~

Sobald das Haferrisotto gar ist, Butter und Parmesan unterrühren. Mit Salz und Pfeffer würzen. Das Risotto auf Teller verteilen und mit Pastinakenscheiben und je 1 Salbeistängel und 1 Pancettascheibe garniert servieren.

*Haferrisotto
ist nicht so cremig wie man
es von Risottoreis kennt.
Aber die knackigen Körner
haben einen ganz eigenen
Reiz und passen gut zum
kräftigen Geschmack von
Salbei und Pancetta.*

FÜR 4 PORTIONEN
ZUBEREITUNGSZEIT:
CA. 30 MINUTEN

Hafer-Pfannkuchen
mit Spinat und Feta

Zutaten

Für die Pfannkuchen

120 g zarte Haferflocken
3 Eier (Größe M)
200 ml Milch
2 El frisch geriebener Parmesan
½ Tl Salz
Öl zum Braten

Für die Füllung

500 g Babyspinat
1 Schalotte
1 Knoblauchzehe
1 El Olivenöl
Salz, Pfeffer
frisch geriebene Muskatnuss
200 g Feta

Zubereitung

Für die Pfannkuchen die Haferflocken im Mixer oder Blitzhacker zu Mehl mahlen und in eine Schüssel geben. Mit Eiern, Milch, Parmesan und Salz zu einem recht flüssigen Teig verrühren. Den Backofen auf 100 °C vorheizen.

~~~

Etwas Öl in einer großen beschichteten Pfanne erhitzen. Eine Kelle Teig (ein Viertel der Menge) hineingeben und backen, bis die Unterseite goldbraun ist. Den Pfannkuchen mithilfe eines Tellers oder Deckels wenden und fertig braten. Dann auf eine Platte gleiten lassen und im Backofen warm stellen. Mit dem restlichen Teig ebenso verfahren, bis er aufgebraucht ist.

~~~

Für die Füllung den Spinat verlesen, waschen und trocken schleudern. Die Schalotte und die Knoblauchzehe schälen und hacken. Das Olivenöl in einer weiteren Pfanne erhitzen, Schalotte und Knoblauch darin glasig anschwitzen. Den Spinat zugeben und zusammenfallen lassen. Mit Salz, Pfeffer und Muskat würzen. Weitergaren, bis die austretende Flüssigkeit verkocht ist.

~~~

Den Feta in kleine Würfel schneiden oder klein bröckeln. Die Pfannkuchen auf vier Teller verteilen, anteilig mit Füllung belegen, mit Feta bestreuen und zusammenklappen. Heiß servieren.

Nährwerte

Pro Portion ca. 450 kcal/1880 kJ
Eiweiß 24 g
Fett 29 g
Kohlenhydrate 23 g

FÜR 4 PORTIONEN
ZUBEREITUNGSZEIT:
CA. 40 MINUTEN

Gemüserösti

mit Zwiebelsauce

Zutaten

Für die Gemüserösti

1 kleine Zwiebel, 2 Knoblauchzehen
½ Bund glatte Petersilie
4 Möhren, 1 Zucchini, 2 Pastinaken
1 Ei (Größe M)
80 g zarte Haferflocken
120 g Weizenmehl (Type 405)
Salz, Pfeffer

Für die Zwiebelsauce

4 Zwiebeln
3 El Butter
250 ml Gemüsebrühe
1 ½ El Speisestärke
200 ml Hafersahne
Salz, Pfeffer
1 Tl Zucker

Außerdem

Sonnenblumenöl
    zum Braten

Nährwerte

Pro Portion ca. 504 kcal/2111 kJ
Eiweiß 13 g
Fett 26 g
Kohlenhydrate 55 g

Zubereitung

Für die Rösti Zwiebel und Knoblauch schälen und hacken. Petersilie waschen, trocken schütteln und die Blätter von den Stielen zupfen und hacken. Möhren, Zucchini und Pastinaken waschen und putzen. Möhren und Pastinaken schälen. Gemüse raspeln und mit Zwiebel, Knoblauch und Petersilie in eine Rührschüssel geben. Ei, Haferflocken, Mehl, etwas Salz und Pfeffer dazugeben und alles verquirlen.

~~

Für die Zwiebelsauce die Zwiebeln schälen und hacken. Die Butter in einem Topf erhitzen und die Zwiebeln darin unter Rühren etwa 2 Minuten andünsten. Die Brühe hinzugießen, den Topf vom Herd ziehen und alles pürieren. Dann den Topf wieder auf die Herdplatte stellen und die Sauce aufkochen.

~~

Speisestärke in 2 Esslöffel kaltem Wasser glatt rühren. Zur Sauce rühren und andicken lassen. Hafersahne, Salz, Pfeffer und Zucker hinzugeben. Die Sauce aufkochen und bei kleiner Hitze etwa 10 Minuten simmern lassen. Mit Salz und Pfeffer abschmecken.

~~

Aus der Rösti-Masse mit angefeuchteten Händen handtellergroße Taler formen und diese leicht flach drücken. In einer beschichteten Pfanne 4–5 Esslöffel Öl erhitzen und die Rösti portionsweise von beiden Seiten goldbraun anbraten. Herausnehmen und auf Küchenpapier etwas abtropfen lassen. Mit der Sauce auf Tellern anrichten und mit etwas frisch gemahlenem Pfeffer bestreut servieren.

FÜR 12 STÜCK
ZUBEREITUNGSZEIT: CA. 30 MINUTEN
BACKZEIT: CA. 25 MINUTEN

Brokkoli-Muffins
mit gerösteten Kernen

Zutaten

125 g zarte Haferflocken
125 g Maismehl
½ l Buttermilch
200 g Brokkoli, Salz
100 g Sonnenblumenkerne
100 g Cashewkerne
50 g Kürbiskerne
1 ½ El Reismehl
2 Tl Backpulver
½ Tl Natron, ½ Tl Oregano
1 Tl brauner Zucker
2 Eier (Größe M)
3 El Erdnussöl
200 g geriebener Cheddar

Außerdem

12er Muffinblech
12 Papierförmchen
   für das Blech

Nährwerte

Pro Stück ca. 310 kcal/1298 kJ
Eiweiß 13 g
Fett 18 g
Kohlenhydrate 20 g

Zubereitung

Den Backofen auf 180 °C vorheizen. Das Muffinblech mit Papierförmchen auslegen.

Haferflocken und Maismehl in einer Schüssel mit der Buttermilch vermischen und ca. 20 Minuten quellen lassen. Brokkoli waschen, putzen und in sehr kleine Röschen teilen. In kochendem Salzwasser ca. 4 Minuten vorgaren, anschließend abschrecken und in einem Sieb abtropfen lassen.

⅔ der Kerne grob hacken und in einer Pfanne ohne Fett anrösten, bis sie goldbraun sind. Beiseitestellen und abkühlen lassen. Reismehl in einer Schüssel mit Backpulver, Natron, Oregano, 1 Teelöffel Salz, Zucker und den gerösteten Kernen vermischen.

Die Eier in einer zweiten Schüssel schaumig schlagen. Öl, Buttermilch-Haferflockenmischung und 50 Gramm Cheddar unterrühren. Anschließend die Mehlmischung dazugeben und nur so lange verrühren, bis die trockenen Zutaten feucht sind. Zum Schluss den Brokkoli zügig unterheben.

Den Teig gleichmäßig in die Muffinförmchen füllen, den restlichen Cheddar darüberstreuen und die restlichen Kerne darauf verteilen. Muffins ca. 25 Minuten goldbraun backen. Nach einer Stäbchenprobe herausnehmen, vorsichtig aus den Mulden heben und auf einem Kuchengitter vollständig auskühlen lassen.

FÜR 4 STÜCK
ZUBEREITUNGSZEIT: CA. 25 MINUTEN
BACKZEIT: CA. 30 MINUTEN

Tartelettes
mit buntem Gemüse

Zutaten

100 g Zucchini
½ rote Paprikaschote
½ gelbe Paprikaschote
80 g Cocktailtomaten
2 Zweige Thymian
3 Stiele glatte Petersilie
80 g Ziegenkäse
1 Tl Olivenöl
Salz
Pfeffer
160 g zarte Haferflocken
2 Eier (Größe S)

Außerdem
4 Tartelette-Förmchen
Öl für die Förmchen

Nährwerte
Pro Stück ca. 275 kcal/1151 kJ
Eiweiß 12 g
Fett 12 g
Kohlenhydrate 28 g

Zubereitung

Den Backofen auf 180 °C vorheizen und die Förmchen einfetten.

~~

Das Gemüse waschen und trocknen. Die Zucchini putzen, vierteln und klein würfeln. Die Paprikaschoten entkernen, den Stielansatz entfernen und in kleine Würfel schneiden. Die Cocktailtomaten vierteln.

~~

Die Kräuter waschen und trocken schütteln. Die Blätter des Thymians abzupfen. Die Petersilie klein hacken. Den Ziegenkäse in kleine Würfel schneiden.

~~

Zucchini, Paprika, Tomaten, Ziegenkäse und Petersilie in einer Schüssel mit dem Olivenöl vermengen. Mit Salz und Pfeffer würzen.

~~

Für den Teig 130 Gramm Haferflocken in einem Blitzhacker fein mahlen, dann in einer Schüssel mit 1 Esslöffel Wasser, den Eiern, den restlichen Haferflocken, ½ Teelöffel Salz und den Thymianblättchen zu einem glatten Teig verkneten.

~~

Die Tartelette-Förmchen mit dem Teig auskleiden. Die Gemüse-Käse-Mischung darauf verteilen. Die Tartelettes 25–30 Minuten backen. Dann herausnehmen, 5 Minuten ruhen lassen und servieren.

Zucchini-Hafer-Waffeln

Zutaten

1 kg Zucchini
Salz
1 Zwiebel
Rapsöl
3 Eier (Größe M)
½ Tl gehackter Zitronenthymian
1 Prise Pfeffer
200 g Weizenmehl (Type 405)
1 Tl Backpulver
50 g zarte Haferflocken
100 g Feta
½ Bund Dill

Nährwerte
Pro Portion ca. 450 kcal/1890 kJ
Eiweiß 21 g
Fett 17 g
Kohlenhydrate 52 g

Zubereitung

Zucchini waschen und putzen. Mit einer Gemüsereibe in Streifen hobeln und in ein Sieb geben. 1 Teelöffel Salz darüberstreuen und ein wenig unterheben. Für 30 Minuten stehen lassen, bis das Wasser aus den Zucchini ausgetreten ist.

~~~

In der Zwischenzeit die Zwiebel schälen, würfeln und in etwas Rapsöl glasig anschwitzen. Beiseitestellen und abkühlen lassen.

~~~

Eier mit Zitronenthymian, ½ Teelöffel Salz und 1 Prise Pfeffer aufschlagen. Mehl mit Backpulver dazugeben und unterrühren. Die Haferflocken ebenfalls unterrühren. Feta zerbröseln. Dill waschen, trocken schütteln, fein hacken und mit den Zucchinistreifen und den Zwiebelwürfeln unter die Masse heben.

~~~

Das Waffeleisen aufheizen, leicht mit Rapsöl fetten, den Teig portionsweise hineingeben und goldbraun ausbacken. Die Waffeln auf einem Kuchengitter abkühlen lassen und lauwarm oder kalt genießen.

Rezeptverzeichnis

TEXT- UND BILDNACHWEIS

Textnachweis

Einleitung: NGV Redaktion

Rezepte: Christiane Leesker; außer Katja Briol (S. 95, 123); Anette & Marco Bruhin (S. 20, 56); Nina Engels (S. 93); Simone Filipowsky (S. 31, 34, 72); Marie Gründel (S. 58); Stephanie Kosten (S. 124); Maja Nett (S. 15, 16, 18, 23, 29, 76, 78, 96, 98); Annerose Sieck (S. 83); NGV Verlagsarchiv (S. 32, 36, 40, 62, 81, 86, 89, 118, 120); Anna Walz (S. 84, 100); Christina Wiedemann (S. 24, 27, 64, 74, 107, 111)

Bildnachweis

Rezeptfotos: Maria Brinkop (S. 14, 17, 19, 22, 28, 37, 60 u., 65, 75, 77, 79, 90 o., 97, 99, 102 u. re., 106, 110); Kay Johannsen (S. 12 o. re., 30, 35, 73); Manuela Rüther (S. 85, 90 u. re., 101); Ulrike Schmid & Sabine Mader (S. 102 u. li, 125); stock.adobe.com: © Vladislav Noseek (S. 21), © ronnarid (Papierhintergrund); © shaiith (S. 9 u. re., 12 u. li., 33); Studio Klaus Arras (S. 94, 102 o. re., 122); TLC Fotostudio (alle übrigen)

Fotos Einleitung: stock.adobe.com: © butterfly-photos.org (S. 11); © Frederico di Campo (S. 7); © GIS (S. 6); © kostrez (S. 8); © Pixel-Shot (S. 10 o.); © svittlana (S. 4/5)